교대·사범대
진로
로드맵

AI교사와 함께 교육하는 교사
교대·사범대 진로 로드맵

펴낸날 2020년 4월 20일 1판 1쇄
2020년 8월 10일 1판 2쇄

지은이 이희성·조현정
펴낸이 김영선
기획 이영진
교정·교열 이교숙
경영지원 최은정
디자인 박유진·현애정
마케팅 신용천

펴낸곳 (주)다빈치하우스-미디어숲
주소 경기도 고양시 일산서구 고양대로632번길 60, 207호
전화 (02) 323-7234
팩스 (02) 323-0253
홈페이지 www.mfbook.co.kr
이메일 dhhard@naver.com (원고투고)
출판등록번호 제 2-2767호

값 16,800원
ISBN 979-11-5874-069-6 (43370)

이 도서의 국립중앙도서관 출판예정도서목록(CIP)은 서지정보유통지원시스템 홈페이지(http ://seoji.nl.go.kr)와 국가자료공동목
록시스템(http ://www.nl.go.kr/kolisnet)에서 이용하실 수 있습니다.(CIP제어번호 : CIP2020011968)

AI교사와 함께 교육하는 교사

교대·사범대
진로
로드맵

이희성·조현정 지음

미디어숲

추천사

계열별 진로 로드맵 시리즈 집필진의 학구열은 상상을 초월한다. 이들의 실험정신이 진로진학상담에 강력한 도구 하나를 선물할 것으로 확신한다. 다음에 나올 책들이 더욱 기대되는 이유이기도 하다.

조훈, 서정대학교 교수

4차 산업혁명이 일상이 되어버린 요즘, 좀 더 세밀한 진로 로드맵이 필요한 시기가 되었음을 부인할 수 없다. 이러한 시대의 요구를 적극 수용한 〈진로 로드맵 시리즈〉를 통해 학생뿐만 아니라 학부모, 교사들도 세부적인 진로에 대해 많은 도움을 받을 수 있을 것이다.

김두용, 대구 영남고 교사

현장에서 많은 학생들을 만나보면 진로를 결정하지 못해 고민하는 친구들이 많다. 특히 진로가 결정되어 있더라도 그 학과에서 어떤 일을 하는지, 미래 비전을 모른 채 꿈을 향해 공부만 하는 친구들을 볼 수 있다. 그런 친구들에게 이 책은 미래 직업에 대한 방향성을 제시하여 현재 위치에서 어떤 활동을 준비해야 하는지 구체적으로 설명해준다. 미래 진로 설계가 필요한 학생들에게 적극 추천한다.

김성태, 연세대학교 인지과학연구소 연구원 / 에이블 에듀케이션 대표

학교 현장에서 학생들과 상담을 하면서 꿈이 없는 아이를 만날 때가 참 많다. 꿈이 없는 아이들은 대개 자존감이 낮고 학습에 대한 의욕이 없어 학교에 다니는 것을 무엇보다 힘들어한다. 요즘 나오는 진로 관련 책들은 종류도 많고 내용도 다양하지만 학생들의 마음에 쏙 들어오는 책을 만나기는 어려운 거 같다. 그래서 이 책의 출판이 참 반갑고 감사하다. 자세한 계열별 특징과 그 분야의 준비를 일목요연하게 딱딱 짚어준다. 이 책을 읽은 학생들이 자신만의 꿈을 키우고 만들어갈 세상이 참으로 궁금하다.

김도영, 경북 봉화중 교사

학생들은 항상 미래에 뭐가 되고 싶은지, 어떤 직업을 가지고 싶은지 고민도 많고 관심도 많다. 하지만 내가 원하는 분야가 구체적으로 어떤 업무를 하고 어떻게 준비를 하면 되는지, 그 직업이 앞으로 비전은 있는지 잘 알 수가 없다. 이 책은 계열별 특성들을 미리 알고 자신의 적성과 하고 싶은 분야에 잘 맞는 과인지, 아직 진로가 결정되어 있지 않은 학생들에게 다양한 경험을 할 수 있는 보물창고 같은 책이 될 것이다.

이교인, 진주 동명중 교사

열심은 미덕이지만 최선은 아니다. 열심히 하지만 좋은 성과를 내지 못하는 학생들이 많은 것을 보면 안타깝다. 먼저 진로의 방향을 정하고 선배들의 로드맵도 참조해 자신만의 길을 정하는 것이 무엇보다 중요하다. 이 책은 진로가 결정된 학생들에게는 어떻게 탐구해야 하는지, 진로가 결정되지 않은 친구들에게는 다양한 진로를 탐색하는 방법을 알려준다. '어떻게'라는 질문에 '답'을 줄 수 있는 지침서가 될 것이다.

김정학, 초중등공신공부법 메타코칭 개발자 / 업코칭에듀케이션즈 대표

학과 탐색과 진로 탐색을 위한 알짜 정보들이 현장 진로진학 컨설턴트의 시각으로 잘 정리되어 있다. 특히 빅데이터 분석을 통해 학문 분야를 핵심 키워드로 소개하여 관련 진로에 대한 전반적인 이해를 제공하고 있다.

안태용, 부산교대 교수

학생들에게 필요한 것은 '꿈을 가지라'는 막연한 조언보다, 눈앞에 있는 목표를 위한 구체적 조언일 수 있다. 이 책은 전공을 정한 학생들이 다음 선택을 위해 망설이는 순간 도움이 되는 '약도'라 할 수 있다. 다만 학생들이 이 약도를 맹신하지 말고, 자신만의 발자취가 담긴 구체적인 지도를 만드는 데 출발의 단서로 활용할 수 있기를 바란다.

임정빈, 진로진학 전문기업 ㈜투모라이즈 대표

청소년들의 진로와 진학에 대해서는 할 말이 많다. 이 책에는 수년간 학생들의 진로, 진학을 지도하며 축적한 생생한 정보와 이야기들이 고스란히 담겨 있다. 계열에 따른 성향을 알아보는 것부터, 실제 선배의 이야기, 학과에서 공부하는 내용, 관련 도서와 동영상 자료까지. 알찬 내용들을 따라가다 보면, 자연스레 자신만의 진로 로드맵을 그리고 있을 것이다.

김은진, 백양초 교사

요즘 아이들은 정말 변화의 속도가 빠른 시대를 살아가고 있다. 직업의 세계도 예외는 아니다. 급변하는 현실 속에서 학생들은 자신이 무엇을 하고 싶은지, 여러 활동을 하면서 내가 잘하고 있는지 고민이 참 많다. 이런 학생들에게 이 책은 자신만의 세상을 향해 나아가게 해주는 지침서가 되어 줄 것이다.

이금하, 부산 개금고 교사

프롤로그

4차 산업혁명 시대, 학교와 교육 현장에 어떤 교사가 필요한가?
미래 교육은 막연한 두려움보다 기대감을 가지고 상상하라!

지금까지 학교 교육은 교사가 교과 지식을 학생에게 전달하고 가르치는 방향으로 진행되었다. 이러한 교육 방식은 단순히 지식과 짧은 시간에 많은 문제를 해결하는 인재를 필요로 하였다. 그런데 미래사회에서 필요한 인재는 '창의융합형 인재'다.

교육부는 인문, 사회, 과학기술에 대한 기초 소양을 함양하여 인문학적 상상력과 과학 기술 창조력을 갖춘 인재를 양성하기 위해 '2015 개정교육과정'을 발표하였다. 2014년 KBS 파노라마에서 '21세기 교육혁명-미래교실을 찾아서'가 방영되면서 학교 현장은 학생중심 수업, 프로젝트형 수업, 거꾸로 수업(플립러닝) 등 다양한 수업의 변화를 야기했다. 교사의 변화는 곧 수업과 학생들에게 긍정적인 영향을 끼쳤다.

지금 우리에게는 자신의 꿈을 넘어 교육의 백년대계[百年大計]를 이룰 수 있는 교육자가 필요하다. 그래서 교육계열을 희망하는 학생들이 안정적인 삶을 위해 이 길을 택하기보다는 사명감을 가지고 진정한 교육전문가로 태어나길 소망한다.

교육(Education)의 어원을 살펴보면, '밖으로'의 뜻을 가진 'e'와 '끌어내다'의 뜻을 가진 'ducare'가 결합하면서 '밖으로 이끌어내다'라는 의미를 가진다. 이처럼 교사는 학생들이 가지고 있는 내면의 역량을 이끌어내는 역할을 수행해야 한다.

다양한 수업방식으로 학생들의 역량을 이끌어내기 위해서는 학생 맞춤형 수업이 진행되어야 한다. 그런데 교사 한 사람이 30명 정도의 학생들에게 맞춤형 수업을 지도하기에는 한계가 있다. 하지만 인공지능 교사의 도입으로 이런 문제를 보완할 수 있게 되었다. 인공지능 교사는 교과 내용을 아이들 수준에 맞게 일대일로 지도가 가능하고, 교사의 행정업무를 지원하는 데 활용될 것이다. 그러면 교사는 학생에게 더 집중할 수 있게 된다. 예를 들면 공감, 동기부여, 영감 등을 주는 일에 더 많은 시간과 노력을 집중할 수 있게 될 것이다.

인공지능 교사가 도입된다고 하더라도 인간을 대체할 수는 없을 것이다. 교육계열을 희망하는 학생들은 인공지능을 활용하는 능력뿐만 아니라 학생들에게 맞춤형 수업을 진행할 수 있는 상담과 지도 능력이 필요하기 때문이다. 중·고등학교 때 어떤 준비들이 필요한지, 자신만의 진로 로드맵을 설계해본다면 교육전문가의 꿈에 더 가까워질 것이다.

많은 나라에서 국제 바칼로레아(International Baccalaureate·IB) 교육을 도입하였다. 국제 바칼로레아 교육이 다른 교육과 차별화된 점은 2~3개 언어는 기본적으로 구사하며, 복잡한 문제를 해결할 수 있는 국제 인재를 양성하는 데 목적이 있다. 이런 인재를 양성하는 교사 또한 다양한 언어뿐만 아니라 다양한 지식을 융합하여 학생들을 지도할 수 있는 역량을 길러야 한다.

이처럼 사회의 변화를 내다보고 교육계열로 진로를 정한 학생은 '나는 어떤 선생님이 되고 싶은지, 아이들에게 어떤 선생님으로 기억되고 싶은지, 과거의 지식이 아닌 미래를 살아갈 학생들에게 어떤 지혜를 전달할 것인지' 생각하고 확고한 목표를 설립하여 꿈을 이루길 바란다.

이 책에는 합격 선배들의 다양한 진로 로드맵부터 계열별 추천 동영상과 도서까지 담고 있다. 막연하게 진로설계를 고민했던 학생들이 이 책을 통해 자신만의 진로 로드맵을 통해서 원대한 꿈을 키우고 교육전문가로 우뚝 섰으면 좋겠다.

이 책은 다양한 직업의 세계에서 학생들이 가장 많은 관심을 보이는 계열별 직업과, 앞으로 유망한 계열별 진로 로드맵을 다음의 5가지 분야로 나누어 집필했다.

- 공학계열 진로 로드맵(로봇과 공존하는 기술자)
- 의학·생명계열 진로 로드맵(AI의사와 공존하는 의사, 생명공학자)
- 경영·인문·사회계열 진로 로드맵(빅데이터로 조망하는 경영컨설턴트)
- 언어문화·미디어계열 진로 로드맵(VR을 활용한 1인 방송제작자)
- 교대·사범대 진로 로드맵(AI교사와 함께 교육하는 교사)

위 5가지 계열별 적성 중 자신이 어디에 해당하는지 알아보고, 구체적으로 어떤 준비를 해야 하는지 그 해법을 제시했다. 그뿐만 아니라, 계열별 적성 실현을 위한 초·중·고 진학 설계방법과 미래 직업을 탐색할 수 있도록 구성했다. 더불어 자신이 가고자 하는 진로에 맞는 활동으로 원하는 대학과 학과에 합격한 선배들의 실전 합격 로드맵을 제시하여 진로설계에 도움을 주고자 했다.

독자의 꿈을 향해 나아가는 순간순간에 이 책이 지혜로운 조력자가 되어주길 희망한다.

이희성, 조현정

차례

추천사

프롤로그

4차 산업혁명 시대, 학교와 교육 현장에 어떤 교사가 필요한가?

미래 교육은 막연한 두려움보다 기대감을 가지고 상상하라!

PART 1
교대·사범대
학생부 사용설명서

내 진로를 위한 고등학생 때부터 준비할 것들 _020

　어떤 성향이 교대·사범대에 잘 맞을까? _020

　선배들의 진로 로드맵을 살펴보자 _023

2015개정 교육과정 교대·사범대 전공을 위한 과목선택 로드맵 _025

창의적 체험활동으로 구체화하자 _040

　진로 로드맵을 이용하여 진로계획 세우기 _040

　교육계열의 진정성! 봉사활동 _064

교과 세부능력 특기사항으로 융합적 지식을 보이자! _067

　나만의 진로 로드맵 _077

PART 2
교대
진로 사용설명서

대학에 들어가서 수강하는 과목 _080

　초등교육학에서 수강하는 대표 과목은? _081

졸업해서 나아갈 수 있는 분야 _085

한눈에 보는 졸업 후 진로 분야 _085

교육서비스 분야 _085

교육콘텐츠 분야 _088

계열별 핵심 키워드 _095

핵심 키워드로 알아보는 초등교육학 _095

계열별 연계 도서와 동영상을 추천해주세요 _099

초등교육학을 위한 추천도서와 동영상 _099

PART
3

사범대
진로 사용설명서

대학에 들어가서 수강하는 과목 _104

교육학에서 수강하는 대표 과목은? _105

유아교육학에서 수강하는 대표 과목은? _110

특수교육학에서 수강하는 대표 과목은? _113

수학교육학에서 수강하는 대표 과목은? _117

영어교육학에서 수강하는 대표 과목은? _120

졸업해서 나아갈 수 있는 분야 _125

교육 분야 _125

연구 분야 _132

기업체 분야 _136

공공/행정 분야 _139

계열별 핵심 키워드 _144

　핵심 키워드로 알아보는 교육학 _144

　핵심 키워드로 알아보는 유아교육학 _145

　핵심 키워드로 알아보는 특수교육학 _146

　핵심 키워드로 알아보는 수학교육학 _149

　핵심 키워드로 알아보는 영어교육학 _151

계열별 연계 도서와 동영상을 추천해주세요 _153

　교육학을 위한 추천도서와 동영상 _153

　유아교육학을 위한 추천도서와 동영상 _156

　특수교육학을 위한 추천도서와 동영상 _158

　수학교육학을 위한 추천도서와 동영상 _161

　영어교육학을 위한 추천도서와 동영상 _163

PART 4 교대 면접 기출문제 분석으로 배우는 교육 시사

가상현실(VR) _168

　공감능력 향상을 위한 가상현실 관련 기출문항 예시 _168

　가상현실 관련 배경지식 _169

다문화 _172

　다문화 학생 가정통신문 관련 기출문항 예시 _172

　다문화 학생 관련 배경지식 _173

노키즈 존(No Kids Zone) _177

　노키즈 존 관련 기출문항 예시 _177

　노키즈 존 관련 배경지식 _177

유튜브 _181

　유튜브 사용 관련 기출문항 예시 1 _179

　유튜버 직업 관련 기출문항 예시 2 _180

인터넷 및 스마트폰 사용시간에 따른 욕설 관련 기출문항 예시 3 _181
유튜브 관련 배경지식 _181

로봇세(Robot tax) _183
로봇세 도입 관련 기출문항 예시 _183
로봇세 관련 배경지식 _184

혐오현상 _185
혐오현상 관련 기출문제 예시 _185
혐오현상 관련 배경지식 _185

인구 절벽 현상 _188
학령인구 절벽 관련 기출문항 예시 _188
학령인구 절벽 관련 배경지식 _190

핀란드 교육 _192
핀란드 교육과 우리나라 교육 관련 기출문제 예시 _192
핀란드 교육 관련 배경지식 _194

4차 산업혁명 _197
4차 산업혁명 시대 교사와 교육 관련 기출문항 예시 _197
4차 산업혁명 시대 교사와 교육 관련 배경지식 _199

집단지성 _202
공동체 역량 관련 기출문항 예시 _202
공동체 역량 관련 배경지식 _204

부록1. 계열별 참고 사이트 _208
부록2. 전문상담교사 채용에 관한 궁금증 _211
부록3. 사서교사 채용에 관한 궁금증 _217

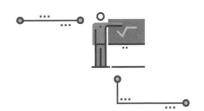

인공지능이 인간의 지능을 넘어설 정도로 과학기술이 비약적으로 발전해
새로운 단계로 나가는 순간을 특이점, 싱귤래리티(Singularity)라고 한다.
어떤 미래학자들은 이 시점을 2045년으로 예측하기도 했다. 하지만 정치, 정책, 제도 등 많은 변수를
고려해야 하는 상황이기에 기존의 교사와 학교가 사라질 수 있다고 단언하기엔 시급할 수 있다.

교대·사범대
학생부 사용설명서

내 진로를 위한
고등학생 때부터 준비할 것들

어떤 성향이 교대·사범대에 잘 맞을까?

교육은 역사 속에서 축적된 다양한 지식과 문화를 전달하는 일이며, 인간의 무한한 가능성을 계발하고 새로운 지식과 문화를 만들 수 있는 중요한 일이다. 이 계열은 교육 분야에 종사할 교사와 교육 지도자를 양성하고 교육 일반과 교과 교육원리의 교수 및 연구에 종사할 학자의 배출을 목표로 하고 있다.

교대에서 배우는 과목을 잘 이수하기 위해서는 기본적으로 기초 교과 영역에 해당되는 국어, 수학, 영어, 한국사와 탐구 교과영역에 해당하는 사회, 과학까지 전반적인 교과목 성적이 우수하며 성실한 학습 습관이 필요하다. 그 외 사범대는 전공과 연계된 과목의 선택과 성적 그리고 교과활동이 중요하다.

무엇보다 교사가 되고자 하는 이유와 교사로서 어떤 자질을 갖추기 위해 노력했는지 또는 앞으로 어떤 수업을 해보고 싶은지 구체적인 교육에 대한 관심과 이해가 있어야 한다. 빠르게 변화하는 미래사회에서 교육의 역할과 중요성을 탐구한 학생이라면 이 계열에 더욱 적합할 것이다. 이를 위해 교내에서 교육학을 연구할 수 있는 동아리, 인간 심리를 이해를 할 수 있는 진로활동 등을 통한 교육 분야의 지적 호기심의 해소 과정이 필요할 것이다. 4차 산업혁명 시대에 필요한 미래교육과 미래인재 양성을 위한 고민들이 학교 활동 중심으로 설계가 된 학생이라면 미래교사로서의 충분한 자질을 보여줄 수 있을 것이다.

마지막으로 누군가에게 도움을 주고 가르치는 활동을 선호하고 보람을 느낄 수 있다면 계열적합성의 만족도가 높을 것으로 본다.

변혁적 지성과 탁월한 품성을 바탕으로 초등교사로서 성장할 잠재력을 갖춘 인재를 찾습니다.

현실과 교육현장을 체계적으로 이해하고, 인격체로서의 어린이들을 올바르게 지도하며, 사회 발전에 창조적으로 기여하는 유능한 초등교사를 양성한다.

• 전문가로서의 교사 : 전문적 교수능력을 갖춘 자
• 교육에 헌신하는 교사 : 투철한 사명감과 자긍심을 갖춘 자
• 실천적인 교사 : 협동심과 정의감을 바탕으로 민주사회 발전에 기여하는 자
• 지도자로서의 교사 : 폭넓은 교양, 전문 지식을 바탕으로 지식 정보사회를 선도하는 자
• 사회 봉사인으로서의 교사 : 풍부한 인간애와 투철한 책임감을 갖춘 자

– 춘천교육대학교 인재상 참고 –

➡ 이런 학생이 교육학에 딱!

• 공부를 왜 해야 하는지 고민해봤다.
• 인간은 무엇을 배우고, 어떻게 배우는지, 더 잘 배우도록 하려면 어떻게 해야 하는지 등에 대한 관심과 흥미가 많다.
• 교육정책의 수립과 시행에 대해 전문적으로 공부함으로써 현실 교육 문제의 개선을 위해 일하고 싶다.
• 학교와 기업에서 활용되는 교육 프로그램 등을 직접 개발해보고 싶다.
• 학생 상담, 진로 지도에 관심이 높다.
• 기업에서도 직원 교육을 통해 잠재력 발휘 극대화를 돕고 싶다.
• 영재아, 특수장애아, 유아, 성인, 노인 등 다양한 대상의 교육에 관심을 가지고 있다.

➡ 이런 학생이 영어교육학에 딱!

- 영어 공부가 너무 흥미롭다!
- 외국인들과 영어로 대화하는 것을 꺼리지 않는다.
- 영어로 가르치는 일이 적성에 맞는다.
- 팝송, 영어권 드라마, 영화, 원서 등에 관심이 많다.
- 풍부한 독서활동과 비평적 사고를 지녔다.
- 외국 여행, 외국 무역 등 국제적인 일을 좋아한다.
- 영어를 전문적으로 사용하는 많은 일을 꿈꾼다.

출처 : 고려대학교 인재 양성·진로 가이드북

➡ 이런 학생이 수학교육학에 딱!

- 논리적인 사고, 수리력, 꼼꼼한 관찰력 등이 필요합니다.
- 수학이라는 매우 추상적인 순수 학문이기 때문에 논리적으로 이해해 나갈 수 있는 실력 또한 겸비되어야 합니다.
- 수학교과 교원을 양성하는 것을 목적으로 하고 있기 때문에 수학에 대한 관심과 실력뿐만 아니라 교사로서 가져야 하는 사명감, 학생을 가르치는 것에 대한 흥미와 애정 또한 중요하게 요구됩니다.

출처 : 동국대학교 전공가이드북

선배들의 진로 로드맵을 살펴보자

교대·사범대 진로 로드맵

구 분	초등	중등1	중등2	중등3	고등1	고등2
자율활동	교과 체험활동 및 교육 및 연구 관련 기관 견학				좋은 수업만들기 간담회	
					교과 연계 심화 학습 활동	
동아리활동		교육계열 동아리 활동			교육 동아리 (교과연계)	
		교과 연계 탐구 동아리 활동			미래교육연구 동아리	
봉사활동				지역아동센터 교육 봉사		
진로활동		교육박람회 참가				
			4차산업혁명 미래교육 특강 교육계열 직업인과 만남			
특기활동	코딩교육 체험				거꾸로 교실 체험 에듀테크 체험	

미래에는 1:1 맞춤형 교육을 지향하며 학습자 개개인의 학습 내용 및 교수법을 적절하게 적용할 수 있는 AI교사는 컴퓨터 지원 학습(Computer Assisted Instruction)을 지나 인공지능 기술과 결합한 로봇 지원 학습(Robot Assisted Learning) 시대를 맞이할 것으로 본다.

앞으로 디지털 아바타 또는 로봇교사를 통해 맞춤형 수업을 받을 것이다. 인터넷 네트워크에 존재하는 디지털 강사인 아바타에 대한 교육 수요가 인간 교사의 수요를 뛰어넘을 것으로 예상하고 있다. 그 이유는 아바타는 사람의 모습을 하고 있는 클라우드 기반의 인공지능 시스템이 도입되어 학습자의 성취도와 목표에 따라 교육 콘텐츠를 조정하여 제공하기 때문이다. 또한 학생의 바이오리듬을 고려해 최적의 교육과정을 제공하고, 학생의 많은 정보를 파악하고 학습 현황을 정확하게 파악해 맞춤 수업을 제공하기 때문이다.

100개 이상의 언어를 사용할 수 있는 AI교사가 나타난다면 교사를 희망하는 학생들은 진로를 접어야 할까? 2016년 알파고와 이세돌의 바둑 대결 후 사라질 직업으로 교사가 언급되곤 했다. 교사를 꿈꾸는 학생들이 미래의 변화가 위기가 아닌 기회로 생각하고 미래사회의 꼭 필요한 교육자가 되기 위해서 어떤 준비가 필요한지 함께 고민하고 설계했으면 한다.

첫째, 고등학교 입학 전 4차 산업혁명과 미래학교에 관련된 분야의 독서와 다양한 매체를 통한 배경지식을 가질 필요가 있다. 막연한 두려움으로 꿈을 포기하기보다는 변화하는 미래 속에서 내가 어떤 교사가 될 수 있을까 설계해본다면 자기 자신만의 스토리를 만들 수 있을 것이다.

둘째, 인공지능이 인간의 지능을 넘어설 정도로 과학기술이 비약적으로 발전해 새로운 단계로 나가는 순간을 특이점, 싱귤래리티(Singularity)라고 한다. 어떤 미래학자들은 이 시점을 2045년으로 예측하기도 했다. 하지만 정치, 정책, 제도 등 많은 변수를 고려해야 하는 상황이기에 기존의 교사와 학교가 사라질 수 있다고 단언하기는 시급할 수 있다. AI교사가 할 수 없는 분야와 수업이 무엇인지 고민한다면 미래교사로 성장할 수 있을 것이다.

상담과 교육현장에 나가 보면 교사를 희망하는 학생들 중 일부는 인구 절벽으로 1인당 학생 수가 적어지면 질 높은 교육을 제공할 수 있다는 기대감을 가지고 있으며, 학생들은 자신들의 수업을 통해서 미래사회를 대처하고 대응할 수 있는 새로운 수업 설계에 대한 상상력을 펼치기도 한다.

마지막으로 교사를 희망하는 학생들에게 필요한 자세는 바로 '교학상장[敎學相長]'이다. 학생을 가르치기 위해서 스승 역시 배워야 한다. 진정한 교육자가 되고 싶은 학생이라면 자유학년제 또는 자유학기제 때 코딩 교육, 드론 교육, 멘토링 교육 등 다양하고 이색적인 교육을 체험해 경험의 폭을 넓힐 필요가 있다.

2015개정 교육과정
교대·사범대 전공을 위한
과목선택 로드맵

2021학년도 수능을 치르는 학생들부터 적용된 2015 개정 교육과정은 학생들이 자신의 진로, 진학과 연계하여 자율적으로 과목을 선택하여 이수할 수 있게 되었다. 따라서 진학하고자 하는 학과에 관련된 교과목의 이수가 전공적합성을 드러내는 요소로 작용할 수 있다.

고등학교 보통 교과 교과목 구성표

교과영역	교과(군)	공통과목	선택 과목	
			일반선택	진로선택
기초	국어	국어	화법과 작문, 독서, 문학, 언어와 매체	실용국어, 심화국어, 고전읽기
	수학	수학	수학I, 수학II, 미적분, 확률과 통계	실용수학, 기하, 경제수학, 수학과제 탐구
	영어	영어	영어회화, 영어I, 영어II, 영어 독해와 작문	실용영어, 영어권 문화, 진로영어, 영미 문학읽기
	한국사	한국사		
탐구	사회	통합사회	한국지리, 세계지리, 세계사, 동아시아사, 경제, 정치와 법, 사회문화, 생활과 윤리, 윤리와 사상	여행지리, 사회문제 탐구, 고전과 윤리
	과학	통합과학 과학탐구 실험	물리학I, 화학I, 생명과학I, 지구과학I	물리학II, 화학II, 생명과학II, 지구과학II, 과학사, 생활과 과학, 융합과학

체육 예술	체육		체육, 운동과 건강	
	예술		음악, 미술, 연극	
생활 교양	기술·가정		기술·가정, 정보	
	제2외국어		독일어I, 일본어I, 프랑스어I, 러시아어I, 스페인어I, 아랍어I, 중국어I, 베트남어I	독일어II, 일본어II, 프랑스어II, 러시아어II, 스페인어II, 아랍어II, 중국어II, 베트남어II
	한문		한문I	한문II
	교양		철학, 논리학, 심리학, 교육학, 종교학, 진로와 직업, 보건, 환경, 실용경제, 논술	공학일반, 창의경영, 지식재산일반

Memo ▶ 일반계 고등학교의 경우 국어, 영어, 수학, 한국사 과목의 비중이 50% 넘지 못하게 되어 있음을 유념하고 선택과목을 구성하는 것이 좋다.

고등학교 학생들이 2, 3학년 때에 선택할 수 있는 과목은 위와 같다. 이 과목들 중 자신의 적성과 진로를 고려하여 선택, 수강해야 한다. 교육계열을 희망하는 학생들을 위해 각 계열들을 고려해 필수 선택과목을 제안한다. 하지만 학교마다 과목 개설 여부는 차이가 있다는 점을 기억해야 한다.

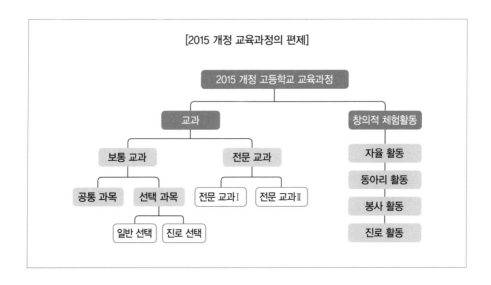

[2015 개정 교육과정의 편제]

공통과목은 문·이과 구분 없이 모든 학생이 배우는 과목이다. 통합적 사고력을 위해 '통합사회'와 '통합과학' 과목이 신설되었으며 공통과목에 해당된다. 선택과목은 각자의 적성과 진로를 바탕으로 선택할 수 있도록 개설되어 있으며, 일반선택과 진로선택으로 나뉜다.

일반선택은 교과별 학문을 기본적으로 이해할 수 있는 내용으로 구성된 과목이며 진로선택은 자신의 적성과 진로 관련해 교과 융합학습, 진로 안내학습, 교과별 심화학습, 실생활 체험학습 등이 가능한 과목으로 구성되어 있다. 마지막으로 전문 교과는 특수 목적 고등학교에서 편성하는 전문교과I과 특성화고와 산업수요 맞춤형 고등학교에서 편성하는 전문교과II로 구성되어 있다.

전문교과I은 특수 목적 고등학교(특목고)에서 배울 수 있는 과목이지만, 일반고 학생이 전문적인 과목을 수강해서 공부하고 싶다면 '교실온닷(온라인 공동교육과정)'이나 '공동교육과정'을 통해 이수할 수 있다.

- 거점형 선택 교육과정 : 거점학교에서 운영하는 교육과정에 타 학교 학생들이 참가하는 교육과정
- 연합형 선택 교육과정 : 인접한 2~4 학교들이 특정 교과목을 공동 운영하는 권역별 교육과정
- 온라인 선택 교육과정 : 교실온닷(한국교육개발원 서버)을 활용한 미네르바 스쿨 방식의 미래형 교육과정을 통해 이수할 수 있다.

초등교육학 진로를 위한 3년간 교육과정

교과영역	교과(군)	공통과목	선택 과목	
			일반선택	진로선택
기초	국어	국어	화법과 작문, 독서, 문학, 언어와 매체	실용국어, 심화국어, 고전읽기
	수학	수학	수학Ⅰ, 수학Ⅱ, 미적분, 확률과 통계	실용수학, 기하, 경제수학, 수학과제 탐구
	영어	영어	영어회화, 영어Ⅰ, 영어Ⅱ, 영어 독해와 작문	실용영어, 영어권 문화, 진로영어, 영미 문학읽기
	한국사	한국사		
탐구	사회	통합사회	한국지리, 세계지리, 세계사, 동아시아사, 경제, 정치와 법, 사회문화, 생활과 윤리, 윤리와 사상	여행지리, 사회문제 탐구, 고전과 윤리
	과학	통합과학 과학탐구 실험	물리학Ⅰ, 화학Ⅰ, 생명과학Ⅰ, 지구과학Ⅰ	물리학Ⅱ, 화학Ⅱ, 생명과학Ⅱ, 지구과학Ⅱ, 과학사, 생활과 과학, 융합과학
체육 예술	체육		체육, 운동과 건강	스포츠 생활, 체육탐구
	예술		음악, 미술, 연극	음악연주, 음악감상과 비평, 미술창작, 미술감상과 비평
생활 교양	교양		철학, 논리학, 심리학, 교육학, 종교학, 진로와 직업, 보건, 환경, 실용경제, 논술	공학일반, 창의경영, 지식재산일반
전문 과목	사회		한국사회의 이해, 세계문화와 미래사회, 현대 세계의 변화	

(밑줄로 표시된 것은 추천 과목임)

Memo▶ 각 학교의 작년 교육과정을 참고하는 것도 하나의 방법이다. 초등교육계열은 전 과목 중 자신이 관심과 역량을 펼칠 수 있는 과목 중심으로 선택하길 추천하며 학교마다 개설된 과목의 차이가 있다는 점을 명심해야 한다.

영역	핵심 개념	내용 요소
고전의 가치	• 고전의 지혜 • 성찰적 독서	• 고전의 특성 • 고전 읽기의 중요성
고전의 수용	• 정전으로서의 고전 • 고전과 교양	• 고전의 다양성 • 고전을 통한 자아와 세계의 이해 • 고전에 대한 가치 평가 • 고전을 활용한 문제 해결
고전과 국어 능력	• 고전의 표현 방법 • 국어문화	• 고전의 표현상 특징과 효과 • 고전 읽기와 통합적 국어 활동
고전과 삶	• 고전과 인성 • 고전 읽기의 생활화	• 고전 읽기의 생활화와 인성 함양

Memo ▶ 인문, 예술, 사회, 문화, 과학, 기술 등 다양한 분야의 고전을 읽고 이를 바탕으로 한 토론과 논술 활동을 통해 내용에 대한 이해와 더불어 고전이 우리 삶에 지니는 의미와 가치 등을 이해함으로써 의사소통 능력의 폭과 깊이를 심화시킬 수 있음.

교육학 진로를 위한 3년간 교육과정

교과영역	교과(군)	공통과목	선택 과목	
			일반선택	진로선택
기초	국어	국어	화법과 작문, 독서, 문학, 언어와 매체	실용국어, 심화국어, 고전읽기
	수학	수학	수학I, 수학II, 미적분, 확률과 통계	실용수학, 기하, 경제수학, 수학과제 탐구
	영어	영어	영어회화, 영어I, 영어II, 영어 독해와 작문	실용영어, 영어권 문화, 진로영어, 영미 문학읽기
	한국사	한국사		
탐구	사회	통합사회	한국지리, 세계지리, 세계사, 동아시아사, 경제, 정치와 법, 사회문화, 생활과 윤리, 윤리와 사상	여행지리, 사회문제 탐구, 고전과 윤리
	과학	통합과학 과학탐구 실험	물리학I, 화학I, 생명과학I, 지구과학I	물리학II, 화학II, 생명과학II, 지구과학II, 과학사, 생활과 과학, 융합과학

체육 예술	체육		체육, 운동과 건강	스포츠 생활, 체육탐구
	예술		음악, 미술, 연극	음악연주, 음악감상과 비평, 미술창작, 미술감상과 비평
생활 교양	교양		철학, 논리학, 심리학, 교육학, 종교학, 진로와 직업, 보건, 환경, 실용경제, 논술	

(밑줄로 표시된 것은 추천 과목임)

Memo ▶ 교과목 구성은 학교마다 상이하므로 자신이 원하고자 하는 학과에 대해서 잘 알아보고 교과목을 구성하는 것이 좋다. 교육계열에 관련된 심리학, 교육학과 같은 과목을 구성하여 먼저 접해보는 방법도 좋은 방법이다.

교육학 진로를 위한 사회문화 미리보기

영역	핵심 개념	내용 요소
사회·문화현상의 탐구	• 거시적 관점, 미시적 관점 • 실증적 연구, 해석적 연구 • 질문지법, 실험법, 면접법, 참여관찰법	• 사회·문화 현상을 보는 관점 • 양적 연구, 질적 연구 • 자료 수집 방법 • 사회·문화 현상의 연구 태도 및 윤리, 탐구 절차
개인과 사회 구조	• 사회실재론, 사회명목론 • 사회화, 귀속·성취지위, 역할, 역할 갈등 • 1·2차집단, 공동·이익사회, 준거집단 • 관료제, 탈관료제	• 개인과 사회의 관계, 사회화 • 지위, 역할, 역할 갈등 • 사회 집단, 사회 조직 • 일탈 행동, 일탈 이론
문화와 일상생활	• 학습성, 공유성, 총체성, 축적성, 변동성 • 비교론, 총체론, 상대론·문화전파, 접변 • 문화병존, 동화, 융합	• 문화의 속성, 문화를 보는 관점 및 이해 태도 • 하위문화 • 대중문화, 대중매체 • 문화 변동
사회 계층과 불평등	• 계층론, 계급론 • 수평·수직, 세대내·세대간, 개인적·구조적 이동 • 피라미드형, 다이아몬드형, 모래시계형 계층구조 • 사회보험, 공공부조	• 사회 불평등을 보는 관점 • 사회 이동, 사회 계층 구조 • 사회 불평등 양상 • 사회 복지, 복지 제도

| 현대의 사회 변동 | • 진화론, 순환론
• 근대화론, 종속이론 | • 사회 변동 이론, 사회 운동
• 세계화, 정보화
• 저출산, 고령화, 다문화적 변화
• 세계시민, 지속가능한 사회 |

 Memo 사회·문화 현상에 대한 올바른 이해와 탐구 방법의 습득을 통하여 합리적 의사 결정 능력을 함양함으로써 다양한 사회·문화 현상에 능동적으로 대응하고 사회문제를 해결하여 민주 시민으로서 적극적으로 참여하는 능력을 기르기 위한 과목임.

유아교육학 진로를 위한 3년간 교육과정

교과영역	교과(군)	공통과목	선택 과목	
			일반선택	진로선택
기초	국어	국어	화법과 작문, 독서, 문학, 언어와 매체	실용국어, 심화국어, 고전읽기
	수학	수학	수학I, 수학II, 미적분, 확률과 통계	실용수학, 기하, 경제수학, 수학과제 탐구
	영어	영어	영어회화, 영어I, 영어II, 영어 독해와 작문	실용영어, 영어권 문화, 진로영어, 영미 문학읽기
	한국사	한국사		
탐구	사회	통합사회	한국지리, 세계지리, 세계사, 동아시아사, 경제, 정치와 법, 사회문화, 생활과 윤리, 윤리와 사상	여행지리, 사회문제 탐구, 고전과 윤리
	과학	통합과학 과학탐구 실험	물리학I, 화학I, 생명과학I, 지구과학I	물리학II, 화학II, 생명과학II, 지구과학II, 과학사, 생활과 과학, 융합과학
체육 예술	체육		체육, 운동과 건강	스포츠 생활, 체육탐구
	예술		음악, 미술, 연극	음악연주, 음악감상과 비평, 미술창작, 미술감상과 비평
생활 교양	기술·가정		기술·가정, 정보	
	제2외국어		독일어I, 일본어I, 프랑스어I, 러시아어I, 스페인어I, 아랍어I, 중국어I, 베트남어I	독일어II, 일본어II, 프랑스어II, 러시아어II, 스페인어II, 아랍어II, 중국어II, 베트남어II
	한문		한문I	한문II

| 생활
교양 | 교양 | | 철학, 논리학, 심리학, 교육학,
종교학, 진로와 직업, 보건, 환경,
실용경제, 논술 | |

(밑줄로 표시된 것은 추천 과목임)

Memo 유아교육계열에 관련된 교과목이 없다고 생각될 수도 있다. 교육계열이라는 점을 기억해야 하며 각 교과목 특징을 고려해 원하는 과목을 수강하길 추천한다. 최근에는 각 학교에서 과목 선택을 위한 강의와 사전조사를 진행하고 있으며 학생들이 최대한 희망하는 과목을 수강할 수 있도록 노력하고 있다.

유아교육학 진로를 위한 윤리와 사상 미리보기

영역	핵심 개념	내용 요소	
인간과 윤리사상		• 윤리사상과 사회사상의 필요성 • 윤리사상과 사회사상의 역할	
동양과 한국 윤리 사상	• 성실	• 동양 및 한국윤리 사상의 연원 • 인의 윤리 및 도덕적 심성 • 자비의 윤리	• 분쟁과 화합 • 무위자연의 윤리 • 한국과 동양윤리사상의 의의
서양 윤리사상	• 배려 • 정의	• 서양윤리 사상의 연원 • 덕 • 행복추구 • 신앙	• 도덕의 기초 • 옳고 그름의 기준 • 현대의 윤리적 삶
사회사상	• 책임	• 사회사상 • 이상사회 • 국가의 기원과 본질 • 시민적 자유와 권리	• 공동체와 공동선 • 민주주의 • 자본주의 • 평화 • 세계시민주의

Memo 현대 사회에서 발생하는 다양한 윤리적 문제들을 비판적으로 사고하고 도덕적으로 탐구하며 윤리적으로 성찰함으로써, 자신의 삶과 사회에 대한 올바른 윤리관을 정립하고 실천하는 능력을 기르기 위한 과목임.

특수교육학 진로를 위한 3년간 교육과정

교과영역	교과(군)	공통과목	선택 과목	
			일반선택	진로선택
기초	국어	국어	화법과 작문, 독서, 문학, 언어와 매체	실용국어, 심화국어, 고전읽기
	수학	수학	수학I, 수학II, 미적분, 확률과 통계	실용수학, 기하, 경제수학, 수학과제 탐구
	영어	영어	영어회화, 영어I, 영어II, 영어 독해와 작문	실용영어, 영어권 문화, 진로영어, 영미 문학읽기
	한국사	한국사		
탐구	사회	통합사회	한국지리, 세계지리, 세계사, 동아시아사, 경제, 정치와 법, 사회문화, 생활과 윤리, 윤리와 사상	여행지리, 사회문제 탐구, 고전과 윤리
	과학	통합과학 과학탐구 실험	물리학I, 화학I, 생명과학I, 지구과학I	물리학II, 화학II, 생명과학II, 지구과학II, 과학사, 생활과 과학, 융합과학
체육 예술	체육		체육, 운동과 건강	스포츠 생활, 체육탐구
	예술		음악, 미술, 연극	음악연주, 음악감상과 비평, 미술창작, 미술감상과 비평
생활 교양	기술·가정		기술·가정, 정보	
	제2외국어		독일어I, 일본어I, 프랑스어I, 러시아어I, 스페인어I, 아랍어I, 중국어I, 베트남어I	독일어II, 일본어II, 프랑스어II, 러시아어II, 스페인어II, 아랍어II, 중국어II, 베트남어II
	한문		한문I	한문II
	교양		철학, 논리학, 심리학, 교육학, 종교학, 진로와 직업, 보건, 환경, 실용경제, 논술	공학일반, 창의경영, 지식재산일반

(밑줄로 표시된 것은 추천 과목임)

Memo ▶ 학교에서 관련된 교과목을 살펴보고 교과목을 추린 후 자신이 가고자 하는 계열에 관련된 교과목을 살펴보는 방법도 좋은 방법이다. 수많은 과목 중 어떤 과목을 선택하느냐의 고민보다는 자신의 학교에 개설되는 과목을 확인해보자. 그 후 내 진로에 관련된 과목이 무엇인지에 대한 고민을 통해 신중히 고르도록 하자.

영역	핵심 개념	내용 요소
생명과학과 인간의 생활	• 생명과학의 특성과 발달 과정	• 생물의 특성 • 귀납적 탐구 방법 • 연역적 탐구 방법 변인 통제 • 대조 실험
생물의 구조와 에너지	• 동물의 구조와 기능	• 근수축 • 물질대사(소화·호흡·순환·배설) • 대사성 질환 • ATP • 노폐물의 배설 과정 • 세포 호흡
항상성과 몸의 조절	• 자극과 반응	• 뉴런의 종류 • 활동 전위 • 흥분의 전도와 전달 • 시냅스 • 중추 신경계와 말초 신경계 • 항상성 • 내분비계와 호르몬의 특성 • 신경계 질환 • 호르몬 질환
	• 방어 작용	• 질병의 원인 • 특이적 방어 작용 • 비특이적 방어 작용 • 백신의 작용 원리 • 항원 항체 반응
생명의 연속성	• 생식	• 생식 세포의 다양성
	• 유전	• 염색체 구조 • DNA와 유전자 • 유전체 • 염색체 조합 • 상염색체 유전 • 성염색체 유전 • 가계도 분석 • 유전병의 종류와 특징
	• 진화와 다양성	• 생물다양성의 의미와 중요성
환경과 생태계	• 생태계와 상호 작용	• 생태계의 구성 • 군집의 특성 • 개체군의 특성 • 군집 조사 방법 • 천이
		• 생태계 평형 • 에너지 흐름 • 물질 순환

Memo ▶ 사람의 몸을 중심으로 나타나는 생명 현상에 대한 이해를 통해, 생활 속에서 나타나는 다양한 의문점들을 창의적으로 해결할 수 있도록 생명과학의 기초 소양을 기르는 과목임.

수학교육학 진로를 위한 3년간 교육과정

교과영역	교과(군)	공통과목	선택 과목	
			일반선택	진로선택
기초	국어	국어	화법과 작문, 독서, 문학, 언어와 매체	실용국어, 심화국어, 고전읽기
	수학	수학	수학Ⅰ, 수학Ⅱ, 미적분, 확률과 통계	실용수학, 기하, 경제수학, 수학과제 탐구
	영어	영어	영어회화, 영어Ⅰ, 영어Ⅱ, 영어 독해와 작문	실용영어, 영어권 문화, 진로영어, 영미 문학읽기
	한국사	한국사		
탐구	사회	통합사회	한국지리, 세계지리, 세계사, 동아시아사, 경제, 정치와 법, 사회문화, 생활과 윤리, 윤리와 사상	여행지리, 사회문제 탐구, 고전과 윤리
	과학	통합과학 과학탐구 실험	물리학Ⅰ, 화학Ⅰ, 생명과학Ⅰ, 지구과학Ⅰ	물리학Ⅱ, 화학Ⅱ, 생명과학Ⅱ, 지구과학Ⅱ, 과학사, 생활과 과학, 융합과학
체육 예술	체육		체육, 운동과 건강	스포츠 생활, 체육탐구
	예술		음악, 미술, 연극	음악연주, 음악감상과 비평, 미술창작, 미술감상과 비평
생활 교양	기술·가정		기술·가정, 정보	
	제2외국어		독일어Ⅰ, 일본어Ⅰ, 프랑스어Ⅰ, 러시아어Ⅰ, 스페인어Ⅰ, 아랍어Ⅰ, 중국어Ⅰ, 베트남어Ⅰ	독일어Ⅱ, 일본어Ⅱ, 프랑스어Ⅱ, 러시아어Ⅱ, 스페인어Ⅱ, 아랍어Ⅱ, 중국어Ⅱ, 베트남어Ⅱ
	한문		한문Ⅰ	한문Ⅱ
	교양		철학, 논리학, 심리학, 교육학, 종교학, 진로와 직업, 보건, 환경, 실용경제, 논술	공학일반, 창의경영, 지식재산일반

(밑줄로 표시된 것은 추천 과목임)

Memo ▶ 수학계열 학과로 진학하기 위해서는 수학에 관련된 과목들을 집중적으로 선택하여 구성하면 좋다. 다양한 수학 이론을 배우고 실생활에서 활용되는 수학의 원리를 접하며 자신만의 수학 학습법과 실력을 만드는 것도 좋다. 또한 수학과 과학은 과목의 연계성을 가질 수 있어 자신 있고 더 배우고 싶은 과학과목을 선택하는 방법이 있다.

영역/핵심 개념	내용 요소
과제 탐구의 이해	• 수학과제 탐구의 의미와 필요성 • 과제 탐구 방법과 절차 • 연구 윤리
과제 탐구 실행 및 평가	• 탐구 주제 선정 • 탐구 계획 수립 • 탐구 수행 • 탐구 결과 정리 및 발표 • 반성 및 평가

Memo ▶ '수학'을 학습한 후, 수학과제 탐구 방법을 익히고 자신의 관심과 흥미에 맞는 수학 과제를 선정하여 탐구하는 과목임. 자연과학, 공학, 의학뿐만 아니라 경제·경영학을 포함한 사회과학, 인문학, 예술 및 체육 분야를 학습하는 데 기초가 되며, 나아가 창의적 역량을 갖춘 융합 인재로 성장할 수 있는 기반을 제공함.

영어교육학 진로를 위한 3년간 교육과정

교과영역	교과(군)	공통과목	선택 과목	
			일반선택	진로선택
기초	국어	국어	화법과 작문, 독서, 문학, 언어와 매체	실용국어, 심화국어, 고전읽기
	수학	수학	수학I, 수학II, 미적분, 확률과 통계	실용수학, 기하, 경제수학, 수학과제 탐구
	영어	영어	영어회화, 영어I, 영어II, 영어 독해와 작문	실용영어, 영어권 문화, 진로영어, 영미 문학읽기
	한국사	한국사		
탐구	사회	통합사회	한국지리, 세계지리, 세계사, 동아시아사, 경제, 정치와 법, 사회문화, 생활과 윤리, 윤리와 사상	여행지리, 사회문제 탐구, 고전과 윤리
	과학	통합과학 과학탐구 실험	물리학I, 화학I, 생명과학I, 지구과학I	물리학II, 화학II, 생명과학II, 지구과학II, 과학사, 생활과 과학, 융합과학

체육 예술	체육		체육, 운동과 건강	스포츠 생활, 체육탐구
	예술		음악, 미술, 연극	음악연주, 음악감상과 비평, 미술창작, 미술감상과 비평
생활 교양	기술·가정		기술·가정, 정보	
	제2외국어		독일어I, 일본어I, 프랑스어I, 러시아어I, 스페인어I, 아랍어I, 중국어I, 베트남어I	독일어II, 일본어II, 프랑스어II, 러시아어II, 스페인어II, 아랍어II, 중국어II, 베트남어II
	한문		한문I	한문II
	교양		철학, 논리학, 심리학, 교육학, 종교학, 진로와 직업, 보건, 환경, 실용경제, 논술	공학일반, 창의경영, 지식재산일반

(밑줄로 표시된 것은 추천 과목임)

Memo ▶ 영어계열로 진학하고자 한다면 영어에 관련된 교과목으로 구성하면 좋다. 다만, 영어에만 너무 치중하지 말고 다른 외국어계열도 접해보는 것은 좋은 기회라고 생각한다. 따라서 영여 관련 과목과 외국어 관련 계열로 교과목을 구성해보는 것이 좋다.

영어교육학 진로를 위한 영어권 문화 미리보기

영역	핵심 개념	내용 요소
듣기	• 세부 정보 • 중심 내용 • 맥락	• 생활양식, 풍습, 사고방식 • 타 문화 이해 • 주제, 요지 • 화자의 의도, 목적 • 화자의 심정, 태도
말하기	• 담화	• 생활양식, 풍습, 사고방식 • 타 문화 이해 • 문화 비교, 대조 • 언어적·비언어적 의사소통 방식
읽기	• 세부정보 • 중심내용 • 맥락	• 생활양식, 풍습, 사고방식 • 타 문화 이해 • 줄거리, 주제, 요지 • 필자의 의도, 목적 • 필자의 심정, 태도

쓰기	• 문장 • 작문	• 생활양식, 풍습, 사고방식 • 주제, 요지 • 의견, 감정 • 타 문화 이해 • 경험 • 보고서 • 문화 비교, 대조

Memo 영어를 사용하는 다양한 문화적, 언어적 배경의 사람들과 의사소통을 위한 문화적 소양, 타인에 대한 배려, 세계 시민 의식을 함양하기 위한 과목임. 학습자 중심의 활동을 통해 영어 의사소통능력과 창의적 사고력을 배양하고, 협동 학습과 자기 주도적인 학습을 통해 바른 인성을 키우도록 함.

☞ 여기서 잠깐!!

나만의 전략을 꼭 세우고 싶다면! '학교알리미'를 활용해보세요.

• 학교알리미(www.schoolinfo.go.kr)에서 진학하는 고등학교를 검색해보세요. 지난 1년간의 학사일정, 주요행사, 각 교과목 평가 시기 및 방법, 교내 대회 일정, 진로진학 프로그램 등 확인해볼 수 있습니다. 희망 전공 관련 동아리와 동아리 활동 계획서, 교과과정을 미리 파악해보세요.

출처 : 학교알리미

나의 꿈을 위한 나만의 교육과정 작성해보기

학년/학기	1-1	1-2	2-1	2-2	3-1	3-2
기초						
탐구						
체육·예술						
생활·교양						

※ 학교별 상황에 따라 개설되지 않는 과목이 생길 수도 있습니다.

창의적 체험활동으로 구체화하자

진로 로드맵을 이용하여 진로계획 세우기

Q 창의적 체험활동에 진로 로드맵이 필요한가요?

A 진로 로드맵은 일종의 내비게이션이라고 생각하면 됩니다. 내비게이션은 길을 안내해 줍니다. 진로 로드맵도 역시 진로를 위한 내비게이션, 안내도 라고 생각하면 좋습니다. 진로 로드맵은 정말 중요합니다. 로드맵을 세워 진로계획을 세워보는 시간을 가진다면 희망하는 진로 목표에 한 발 더 다 가갈 수 있습니다. 앞으로는 진로중심의 교육과정이기 때문에 '자신만의 진 로 로드맵'이 필요합니다.

초등교육학 합격생의 진로 로드맵 ①			
구 분	1학년	2학년	3학년
자율활동	바른 학교 만들기(캠페인) 학급자치회 부회장	1학년 맨투맨 멘토링 리더십캠프 참여	얼리버드 프로젝트 토론으로 생각 키우기
동아리활동	'1수업 2교사제' 찬반토론 하브루타 교육 주제 발표	모의수업 (교수-학습 과정안) '인문고전 독서를 통한 인성 교육' 주제로 교육신문 제작	
		법률 제정 과정 동영상 강의 제작 인터넷 강의 촬영	
봉사활동	지역아동센터 학습지도, 미술지도		

진로활동	'미래를 그려라' 직업체험 기업가정신 수업 참여	나의 꿈 발표 창조적인 나의 행복한 직업 찾기	쉼표 프로젝트 다문화교육 조사
진로독서	학교란 무엇인가, 교사도 학교가 두렵다, 살아있는 다문화교육 이야기		

위 학생은 3년 동안 초등교사의 꿈을 키우며 교내의 다양한 활동 속에서 자신의 역량을 키운 학생이다. 1학년 때부터 독서논술능력평가대회(최우수상)를 비롯해 수리문제해결력 경시대회, 영어에세이 쓰기대회 최우수상을 수상할 만큼 학교행사에 상당히 적극적인 태도와 최선을 다한 모습을 확인할 수 있다. 다양한 장려상에서 학생의 열정을 엿볼 수 있다.

2학년 때 교육용 동영상 강의를 제작하는 자율동아리 활동은 최근 학교 현장에 도입되고 있는 '플립러닝(flipped learning)'의 한 형태로 볼 수 있으며 교육효과와 학습자의 입장을 고민하는 자세를 볼 수 있었다. 3학년 때 청소년의 스트레스를 올바르게 해소할 수 있는 방법을 알려주고, 청소년 사이에 올바른 놀이 문화를 형성하여 청소년의 일탈을 방지하기 위한 '쉼표' 프로젝트가 있었다. 학생은 이 프로젝트를 진행할 때 소통과 배려의 리더십을 발휘했고 '웃음 운동이 청소년의 우울감과 스트레스 해소에 미치는 영향'과 '청소년 문제 행동의 관계에서 대처방식의 조절효과' 등 자료들을 참고하며 체험부스를 운영했다.

최근 4차 산업혁명 시대의 키워드 중 하나인 '초연결시대'는 1인 미디어 산업의 활성화를 가져왔다. 이 학생은 1인 미디어로 인해 발생하는 사회 문제들이 문화 지체 현상임을 깨닫고 '대중매체의 올바른 활용 자세'를 통해 청소년이 대중매체를 비판적으로 검토하고 수용할 수 있도록 돕는 교육의 필요성을 느껴 '1인 미디어가 청소년에게 미치는 부정적 영향'에 대해서 탐구한 학습경험이 있다.

이 학생은 초등교사를 꿈꾸며 앞으로 이 시대에는 어떤 교육이 필요하며 자기 스스로 '내가 아는 만큼 전해줄 수 있는 교사'가 되길 희망했다.

구 분	1학년	2학년	3학년
자율활동	언어폭력예방교육 인권존중 및 인권교육	장애 인식 개선을 위한 영화 '원더' 시청	우공이산 프로젝트 참여
동아리활동	NIE 교육 주제 발표 5 WHY 기법	교육 불평등을 다룬 교육 신문 제작	VR 기기를 이용한 고전 문학의 수업 고안 'Education is Hope' 영어 기사 작성
봉사활동	교육의 혜택을 받지 못하는 해외 아동과 청소년을 위한 동화책 번역 봉사		
진로활동	'동물 매개활동을 이용한 창의적 체험활동이 초등학생의 인성에 미치는 영향' 연구 탐색	'4차 산업혁명과 미래의 일자리' 수업 참여	노키즈존 근절 특공대 '스승과 제자' 프로젝트 참여
진로독서	나는 선생님이 좋아요, 교사와 학생 사이, 가르칠 수 있는 용기, 학교에 오지 않는 아이		

위 학생은 자신만의 교사상이 뚜렷한 학생이다. 2학년 문학 시간에 강은교 시인의 '우리가 물이 되어'와 김광섭 시인의 '저녁에'라는 작품을 감상하며 '만남'의 의미를 비교했다. '나는 아이들과 만남의 시간을 어떻게 채워가는 교사가 될 것인가?' 고민하며 자신만의 교사상을 만들었다. 문학작품을 활용한 수업이 내면의 통찰과 삶의 태도에 방향을 줄 수 있다는 점에서, 인성 교육이 특별한 시간을 할애하지 않아도 가능함을 깨달았다. 교과서에서 정답 찾기만을 하는 교육보다 '학생이 자발적으로 생각의 주체가 되는 것'이 참된 교육임을 알고 교사의 역할이 중요하다는 사실을 잊지 않으려고 노력한 점이 보였다.

'스승과 제자' 프로젝트를 통해 학습 내용과 학습 대상에 따라 학습 방법의 다양성이 필요함을 깨닫고, 직접 '초등문학 수업에서의 정서 함양을 위한 교육 연극 활용 방안' 자료를 찾아 읽어가며 학습 동기를 높이기 위한 방법을 고민했다. 특히, 발달 장애를 차별하는 교사의 이야기가 담긴 책을 읽으며 우리 사회가 공정하고 평등한 기회를 부여받는 사회가 되기 위해 교육이 필요하다고 생각했다. 무엇보다 그 역할을 교사가 해야 함을 깨닫고 '편견 없는 교사'가 되길 희망했다.

구 분	1학년	2학년	3학년
자율활동	학생언어문화개선글쓰기 국어문법올림피아드	평화생명탐방활동	전교회장 대구지방법원견학
동아리활동	공감동아리	독서토론동아리	
봉사활동	지역 내 아동센터 학습도우미		
진로활동	We can센터 방문	인근 지역 대학교 탐방한 진로체험캠프	진로탐색보고서
진로독서	인성교육 성적보다 먼저다, 핀란드 교육혁명, 우리가 꿈꾸는 아름다운 교실		

위 학생은 글쓰기 대회, 올림피아드 등 다양한 활동을 통해 친구들과 스터디 활동을 많이 해왔다. 동아리에서는 동아리 리더를 맡아 친구들에게 무언가를 알려주고 전달하는 것에 흥미를 느껴 교사라는 꿈을 가지게 되었다. 1학년 공감동아리를 통하여 사회적으로 이슈가 되는 교육 문제들에 대해서 친구들과 토론해보는 시간을 가졌다.

초등학교의 교육과정 개편(초등학교 1학년이 국어 과목은 자음과 모음부터 배우는데 수학은 일, 이, 삼이라는 단어부터 배우는 것)에 따른 교육 문제에 대해서도 이야기해보고 그렇다면 '어떻게 해야 더 좋은 교육이 이루어질 수 있을까.'라는 심화토론을 진행함으로써 교육제도에 관심을 가지는 활동을 이어왔다. 심화토론에서 나아가 핀란드 교육, 미국교육, 한국교육을 비교분석하는 활동을 통해 교육제도를 한번 훑어볼 수 있도록 동아리원들에게 PPT를 만들어 설명하는 시간을 가져 동아리원들의 칭찬을 받았다.

또한 독서토론을 통하여 다양한 분야의 지식을 쌓아가는 역량을 보여주었고 자신의 진로활동도 다양하게 찾아보고 참여하여 탐색하고 계획하였다. 자신이 관심 있어 하는 부분에 있어서는 교육 관련 도서를 많이 읽어 자신의 궁금증을 해결해 나가는 모습을 보여주었다.

유아교육학 합격생의 진로 로드맵			
구 분	1학년	2학년	3학년
자율활동	진로박람회 진로설명회 학급반장	전교부회장 안전교육	나의 꿈 3분 스피치 심폐소생술
동아리활동	유아교구 제작동아리		
	동화구연		아사모(봉사)
봉사활동	지역 내 아동센터 봉사, 유치원 봉사		
진로활동	진로체험 동화구연대회	현장답사체험 현장 인터뷰 축제 – 동극	진로박람회 진로설명회
진로독서	딥스, 모리와 함께한 화요일		

위 학생은 교우관계와 리더십이 뛰어난 학생이다. 주어진 일에 최선을 다하며 동생들을 잘 돌보는 데 있어 유아교육학과에 적성이 딱 맞는 학생이다. 동생들을 돌보는 것이 재밌다고 말하며 유아교육에 관심을 가졌고 다양한 대학교의 유아교육학과에 대해서 알아보는 적극적인 학생이다.

유아교육과에 관심이 많은 친구들과 함께 학과에 대해서 찾아보던 중 유아교구 제작하는 동아리가 있다는 사실을 알게 되어 친구들과 유아교구 제작 동아리를 만들었다. 유아 교구 제작동아리를 하면서 다양한 교구도 만들어보고 실습을 해왔다. 그러던 중 자신의 다른 동아리인 동화구연동아리와 유아교구 제작 동아리의 합작을 이끌어 내는 리더십을 발휘하였다. 그래서 동화구연에 필요한 유아교구를 유아교구 제작 동아리가 제작을 함으로써 두 동아리에 참여를 이끌어 나갔다. 두 동아리의 의견을 조율하고 잘 이끌어 나감으로써 축제 기간 동아리원들과 함께 동극을 성공적으로 마쳤다. 또한 진로 박람회, 진로 설명회 등 다양한 방면으로 자신의 꿈을 탐색해 나갔다.

특수교육학 합격생의 진로 로드맵			
구 분	1학년	2학년	3학년
자율활동	심폐소생술교육실습 SNT프로그램 장애인 인권사례발표	다문화교육 학급부반장	민주시민교육 전교부회장
동아리활동	도담 동아리(봉사동아리)		
	콘텐츠동아리	동화구연 동아리	
봉사활동	연탄 나눔 활동, 중증 장애인 복지시설 봉사활동		
진로활동	장애인복지관 방문 – 선배 인터뷰	진로체험캠프	진학진로박람회
진로독서	인성교육 성적보다 먼저다, 핀란드 교육혁명, 우리가 꿈꾸는 아름다운 교실		

위 학생은 심폐소생술교육실습, 장애인 인권, 다문화 등 다양한 방면으로 자율 활동을 통해 특수교사라는 꿈을 가지게 되었다. 자신의 꿈을 위해서 고등학생이 할 수 있는 일들을 찾아보다 콘텐츠 동아리에서는 장애인에 관련된 동영상을 찍는 활동을 하였으며, 장애인 편견에 관한 이야기를 다루는 활동을 하였다.

또한 고등학생의 신분으로 자신이 할 수 있는 일을 찾다 동화구연을 통하여 장애인들에게 책을 읽어 주는 활동을 하게 되었다. 책 읽어 주기 봉사는 복지시설 봉사활동으로 더욱 확장되었다. 또한 복지시설에서 봉사활동을 통해 특수교사가 되어야겠다는 확고한 진로계획을 세우고 자신의 꿈에 더욱 한 걸음 다가가는 활동들을 이어왔다.

또 다른 방면으로 진로활동을 진로체험캠프와 박람회, 선배 인터뷰를 통하여 자신의 꿈에 대한 궁금증을 해결했다. 또한 진로 관련 도서를 읽고 다양한 교육문화를 접하면서 자신의 역량을 키워 나갔다.

구 분	1학년	2학년	3학년
자율활동	수리탐구대회 수리문제해결능력대회	수리원리탐구대회	수학경시대회 수리원리탐구대회
동아리활동	수달 (수학의 달인)		
	한국사동아리		
봉사활동	지역 내 아동센터 수학 멘토링		
진로활동	진로체험캠프	진학진로박람회	자기소개서 특강 선배인터뷰
진로독서	수학 공부 이렇게 하는 거야 (상·중·하), 어느 수학자의 변명		

평소 수학에 관련된 대회를 찾아보고 참여함으로써 자신의 실력을 지속적으로 점검하였다. 위 학생은 교내에서 열리는 수학에 관련된 대회를 하나도 빠짐없이 참가했다는 이력을 가지고 있다. 수학에 매력을 느껴 자신과 같이 수학을 좋아하는 친구들을 모아 '수달'이라는 동아리를 만들어 친구들과 함께 문제를 풀고 서로의 문제풀이 방법을 공유하는 시간을 가지는 활동을 해왔다. 동아리 '수달'은 수학을 잘하는 학생만 동아리원으로 받아주지 않았다. 수학을 잘하지 못하지만 잘하고 싶어 하는 친구들도 동아리원으로 받아주어 잘하는 친구와의 1:1 멘토링을 기획했다. 그만큼 동아리원들의 참여를 이끌어 낼 만큼 리더십이 강한 학생이다.

또한 멘토링 시간을 통하여 친구에게 수학을 알려주는 시간을 가져 친구들의 성적 향상에 도움을 주고 친구들로부터 좋은 멘토라는 평을 들어왔다. 친구들의 칭찬에 힘입어 자신이 좋아하는 수학을 어려워하는 지역 내 아동센터 학생들에게 수학 멘토링을 3년간 이어왔다. 더불어 자신의 진로에 관해 진로캠프, 박람회, 선배 인터뷰를 통해 자신의 꿈을 조금 더 알아가는 계기를 만들어가고 수학 관련 도서도 많이 읽는 노력을 보여주었다.

영어교육학 합격생의 진로 로드맵

구 분	1학년	2학년	3학년
자율활동	영어듣기토익탐구대회 영어스피치대회	작가초청강연회 영어에세이대회	전교회장 다문화교육 교내독서골든벨
동아리활동	English 타파 동아리		
	팝송 동아리		
봉사활동	학교 내 영어 학습도우미, 노인요양		
진로활동	진로박람회 영어교수님 인터뷰 영미문화탐방	인근 지역 대학교 탐방한 진로체험캠프 자율동아리 발표 – 영화소개 및 감상	진로탐색보고서 영어마을캠프
진로독서	영어에 관한 21가지 오해, 미국생활과 탐방		

위 학생은 팝송에 관심이 많은 학생이었다. 팝송 때문에 영어에 관심이 생겼고 팝송동아리에서 가사를 해석하고 노래를 부르며 영어에 더욱 흥미를 가지게 되었다. 팝송 동아리를 3년 동안 꾸준히 참여하여 동아리 활동으로 팝송을 축제 기간에 선보였다. 또한 팝송 동아리에만 만족하지 않고 English 타파 동아리를 통해 친구들과 영어연극을 축제 기간에 선보였다. 특히, 영어듣기 토익탐구, 영어 에세이, 영어 스피치 대회를 준비하는 과정에서 최선을 다하는 모습을 보였다.

친구들과 영어동아리를 만들어 영어 관련 자격증에 대해서 알아보고 자신이 습득할 수 있는 자격증 과정에 도전했다. 무엇보다 동아리에서 영어에 관련된 도서들을 읽고 서로 의견을 나누며 자신의 진로를 적극적으로 설정했다.

교육계열 합격생들의 다양한 진로 로드맵을 살펴보았다. 자신만의 스토리를 만드는 일은 결코 쉬운 일이 아니라는 것을 알 수 있다. 염두에 둘 것은 실제 합격생, 입학사정관들의 합격비결에 반드시 등장하는 건 바로 '진로 로드맵'이라는 것이다. 자신만의 로드맵을 만들 수 있는 가장 기본적인 방법은 바로 '기록'이다. 수상실적, 자율활동, 동아리활동, 봉사활동, 진로활동의 각 예시와 학생들의 '세부 기록'을 보면서 나만의 진로 로드맵을 만들어 모두가 꿈을 이루길 기원한다.

수상경력 관리하기

연번	수상명	시행(월)	참가대상 및 기준	수상비율	담당부서	공개방식
1	창의컴퓨팅대회 (알고리즘부문)	11월	전교생 중 참가자	20% 이내	교육정보부	가정통신문 학급별공지
2	창의컴퓨팅대회 (프로그래밍부문)		전교생 중 참가자	20% 이내		
3	수학신문만들기대회	5월	전교생 중 참가자	20% 이내	수리과학교육부	학급공지
4	수학UCC만들기대회	10월	전교생 중 참가자	20% 이내		
5	융합과학대회	4월	전교생 중 참가자	20% 이내		
⋮						
18	해밀문학상 (산문소설부문)	10월	전교생 중 참가자	20% 이내	인문사회교육부	교내알림판 학급별공지
19	일본어말하기대회	6월	2, 3학년	참가학생의 20% 이내	인문사회교육부	교내알림판 학급별공지
20	우리역사바로알기대회 (역사글쓰기부문)	5월	전교생 중 참가자	20% 이내	인문사회교육부	학교홈페이지 교내알림판 학급별공지

수상을 희망했던 대회에 참가하여 성과를 거두지 못할 수도 있다. 이런 경우

에는 대회 준비과정과 대회 기간 동안 자신이 맡았던 역할이나 탐구 주제에 대한 기록을 잘 남겨두면, 심화과정으로 학습할 때 도움이 될 수 있다.

📋 메모 예시

날짜	대회명(수상)	내용 및 연관된 심화 주제
5월 25일	수학신문만들기 대회	주제 : 한국 수학 교육과정 핀란드와 수학 교육과정 비교분석, 한국 수학 포기자의 원인과 대안 등 탐구 나의 역할 : 자료 조사 연관주제 : 수학 – '실생활에서 사용되는 수학' 수행평가와 연계하여 수학을 배워야 하는 이유와 원리 작성하기

대회를 준비했던 과정에서 얻은 자료는 교내의 다양한 분야로 사용될 수 있기에 관리를 잘해두어야 한다. 교과목에서 진행되는 수행평가와 동아리 활동에서 모아두었던 자료들은 입학사정관들의 호기심을 자극할 수 있다.

➡️ 자율활동

학기	과목	주제
1학기	3월 9일	학급 회장 선거
	4월 11일	대학 탐방
	4월 30일	민주시민교육
	5월 26일	가상회의
	6월 20일	심폐소생술교육실습

Memo ▶ 학기가 끝나면 그동안 무엇을 했는지 잘 생각나지 않을 때가 많다. 그러므로 한 학기 동안 있었던 일들을 메모하거나 달력에 표시를 하는 습관이 필요하다.

📑 메모 예시

날짜	교육명	내용 및 감상
6월 20일	심폐소생술 교육실습	**내용)** 심폐소생술 교육 **감상)** 심폐소생술에 대해 알게 되었고 심폐소생술의 중요성을 알게 됨 실제 사례를 조사하여 심폐소생술의 중요성에 대해 친구들 앞에서 PPT로 발표.

자율활동 기재 예시

학년	창의적 체험 활동상황		
	영역	시간	특기사항
1	자율활동	15	학교 폭력에 관한 "한 아이" 뮤지컬을 관람(04.03.)함. ⇓ 학교 폭력에 관한 "한 아이" 뮤지컬을 관람(04.03.)함. 뮤지컬 관람 후 학교 폭력에 대해서 곰곰이 생각하는 계기를 가지게 되었고 친구들과 잘 지내야겠다는 생각을 가짐. 뮤지컬 관람 후 학교폭력에 대해서 더욱 관심을 가져 실제 학교에서 일어나고 있는 학교 폭력에 사례를 조사해보고 학교폭력으로 인해 나타나는 현상들을 조사하여 보고서를 작성함. 나아가 학교폭력 예방 가능한 약속과 실천에 대한 콘텐츠를 만들어 학교폭력의 심각성을 알림.

학년	창의적 체험 활동상황		
	영역	시간	특기사항
1	자율활동	12	인권영화(2016.07.13.) '장애인 국가대표 이야기'를 관람하면서 끊임없는 노력과 연습을 통해 자신의 역경을 이겨내는 주인공의 삶, 결과에 만족하지 않고 목표를 향해 나아가는 땀을 흘리며 노력하는 모습, 장애로 인한 좌절감에 굴복하지 않고 제2의 삶에 도전하는 정신에 박수와 격려를 보내는 한편으로 자신의 삶을 되돌아보고 성찰하는 계기가 되었음. 장애인과 관련된 영화를 더 찾아보고 영화 속에서 나타나는 현실 속 문제점들에 관한 보고서를 작성함.

학년	창의적 체험 활동상황		
	영역	시간	특기사항
2	자율 활동	20	자율학습 시간을 활용하여 스터디 그룹을 형성하고 수능 기출 문제 중 수학을 풀어 보는 활동을 함. 이 과정에서 수학2를 바탕으로 한 문제들을 맡아 사전에 풀어보고 친구들에게 자신이 푼 방법을 설명함. 비록 부족한 부분도 있었지만 문제를 풀고 서로의 문제풀이 방법을 공유하는 과정을 통해 협동의 중요성을 인지함.

자율활동은 학급 또는 학교 구성원으로 자발적이고 자율적인 참여를 통한 활동을 의미한다. 다양한 자율활동을 통하여 자신의 특성과 활동내용, 협력에 관한 사항들을 기재하여 자신의 역량을 나타내 보이는 과정이기도 하다.

➡️ 동아리활동

학기	과목	주제	활동 내역
1학기	3월 10일	선행학습 금지법의 문제점	개별 PPT 발표
	4월 18일	초등학교 수행평가로 성적산출	토론활동
	5월 25일	1수업 2교사제 실행	찬반토론활동
	6월 14일	2015개정교육과정 문제점	교육 신문 제작
	6월 20일	빛의 산란	모의수업

Memo ▶ 교대·사범대를 희망하는 학생들이 선택하는 동아리활동은 주로 교육동아리다. 기존 선배들이 운영하던 동아리 활동을 다시 하는 경우가 많은데 매년 새로운 교육이슈를 주제로 선정해서 토론활동을 해보거나 자신이 해보고 싶은 모의수업을 설계해본다면 전공 관련 경험과 활동을 만들 수 있다.

📋 메모 예시

날짜	활동명	내용 및 감상
6월 20일	'빛의 산란'의 주제로 모의수업	**내용)** 하늘이 파랗게 보이는 현상으로 동기유발을 한 후에 실생활 과학 원리를 적용하여 레이저 포인터와 밀가루로 빛이 반사되는 실험을 직접 보여주고 이유에 대해서 설명함. 감상) 실험을 통해 학습자들이 원리를 깨우치게 하여 동아리원들의 큰 호응을 받았음. 도입-전개-정리의 단계에 따라 노련하게 학습목표를 달성해가는 모습을 확인할 수 있었음. 교수-학습 과정 안을 미리 작성해본 것이 수업 시연에 도움이 되었음.

📋 동아리 신청서 및 계획서 예시

(※학교마다 다른 경우가 있습니다.)

공식동아리 신청 및 계획서

1. 동아리 세부사항

동아리명		지도교사		1학년	명
	심리학동아리	연락처		2학년	명
		동아리대표		3학년	명
		연락처		총인원	명

활동분야 (주관심 분야)		심리학
동아리에 대해서	동아리 명칭의미	인간의 마음을 사실에 근거하여 과학적으로 탐구
	창립 동기	심리, 교육, 범죄, 상담, 청소년, 사회, 복지 관련 학과에 진학을 희망하는 학생들에게 심리학적 안목을 키워주기 위함
	활동목표	심리학적 지식에 관해 체계적으로 연구하고 인간과 사회에 관심을 갖도록 함

동 아 리 에 대 해 서	주요 활동 내용	– 심리학에 관한 전반적 지식 – 현대인의 정신질환 자료조사, 치료와 대책에 관한 토의 – 영화 속 인물심리 분석 – 논문 작성법, 연구방법론 – 심리학 관련 기사를 찾아 발표 및 토의 – 심리이론 검증을 위한 실험연구 – 상담기법 실습 – 심리극(psycho–drama) 체험

Memo ▸ 교육 동아리 외 심리학 동아리를 자율동아리로 참여하는 경우가 있습니다. 심리학 동아리 활동을 하며 전공적합성과 교육계열로 연계된 활동을 할 수 있도록 동아리 계획서 작성 때 지도교사 및 부원들과 충분한 논의를 하면 좋습니다.

2. 동아리활동 월별활동계획 및 안전계획

	날짜	활동계획
월별 활동계획	3월15일(금)	O.T, 연간계획 세우기 / 심리학 개론
	3월22일(금)	심리검사 실습 및 자아분석
	4월12일(금)	매체(영화,드라마) 속 인물심리 분석
	5월17일(금)	연구방법론 및 논문작성법, 심리실험 설계
	7월12일(금)	심리실험 연구결과 발표 및 브리핑
	7월17일(금)	미술치료프로그램 외부기관 봉사
	8월23일(금)	사회적 이슈에 관해 조사 및 토론
	8월30일(금)	상담 및 의사소통기법 실습
	11월22일(금)	심리 분야 종사자 인터뷰
	12월20일(금)	심리극(psycho–drama) 체험
	12월27일(금)	올해의 활동 정리, 차기 년도 계획 수립
활동 안전 계획	활동 전 • 사고에 대비한 안전교육에 참가하여 대응 요령을 숙지한다. • 동아리활동과 무관한 물품(흉기, 주류, 도박도구 등)을 소지하지 않는다. • 지도교사의 연락처 및 응급구조번호를 숙지한다.	

활동 안전 계획	활동 중 • 동아리 활동에 성실히 참여하여 활동에 최선을 다한다. • 인솔자 및 프로그램 진행자의 안전 지도 사항을 성실히 준수한다. • 사고 발생 시 인솔 및 지도교사에게 신속히 연락하고, 지시에 따른다. • 유해한 장소나 위험한 시설 등에 접근하지 않는다. • 차량 탑승 중에는 반드시 안전벨트를 착용하고, 차창 밖으로 손, 얼굴을 내밀지 않는다. 활동 후 • 새롭게 형성된 인간관계를 통해 더불어 사는 삶을 실천할 수 있도록 한다. • 체험학습을 통해 얻은 경험들을 기행일기, 감상문 등으로 기록하며 활동 내용을 되새겨 보도록 한다.

초등교육학 예시

학년	창의적 체험 활동상황		
	영역	시간	특기사항
3	동아리 활동	18	(교육의창) 교육에 관심이 많은 학생으로 모의수업 활동에서 '삼대(염상섭)'에 대해 수업함. 수업에서 질의응답을 통해 문답학습을 한 모습이 돋보임. 평소 학교 폭력 사건에 대해 관심을 가지고, 예방책으로 인성 교육을 제시함. 나아가 문헌 조사를 통해 전인적 교육의 필요성에 대해 인식할 수 있도록 노력함. 가상현실 체험활동을 한 후 흥미와 몰입도를 높일 수 있는 수업에 대해 고민함. VR기기를 이용하여 고전 문학의 학습을 할 수 있는 연계 수업을 고안하여 수업 계획서를 작성함. 교육과정에 대한 영상을 보고 결과 중심의 교육이 교육의 본질을 해칠 수 있다는 점을 지적하고, 학생들의 꿈과 이상을 지켜주는 교사가 되겠다고 다짐하는 계기가 됨.

　학생들의 수업 참여도와 학습 효과를 위해서 가상현실(VR:Virtual Reality)을 수업에 연계해볼 생각을 했다는 점은 앞으로 미래교사에게 어떻게 보면 필요한 자세라고 생각할 수 있다.

　앞으로는 '가상현실 현장체험학습'이 가능할 수 있다. 국내외 다양한 문화유적지를 비롯해서 가볼 수 없을 것 같았던 미지의 정글까지 현장학습이 되고, 자신이 희망한다면 그 공간 속에서는 개별적으로 심화학습도 할 수 있을 것이다. 같은 분야에 관심 있는 친구들과 함께 와이파이만 연결된다면 언제든 만나서 공부할 수 있을 것이다.

'증강현실수업' 역시 지금까지 볼 수 없었던 수업의 패러다임으로 전환할 것이다. 예를 들어, 3차원 입체 멀티미디어가 교실마다 적용된다면, 생명과학 수업은 그 어떤 수업보다 생생한 수업이 된다. 온몸의 혈관과 각 장기들을 3D 입체로 만날 수 있을 것이다.

학년	창의적 체험 활동상황		
	영역	시간	특기사항
2	동아리 활동	29	(이튜브 : 자율동아리) 어려운 개념은 친근한 예시를 들어 이해도를 높이고 교사에게 수시로 질문해 자신의 강의 내용에 오개념이 없는지 피드백을 받으며 법률 제정 과정 동영상 강의를 제작하고 임대차 계약을 설명하고자 직접 월셋집을 구하는 상황극을 촬영해 인터넷 사이트에 공유함. 부원들과 촬영한 영상을 점검하며 수정할 부분을 피드백받아 보완했으며 영상 조회 수를 통해 우수한 콘텐츠라도 참여를 유도하지 못하면 교육의 효과를 얻을 수 없음을 깨닫고 학습자의 필요를 파악하는 방법에 관심을 갖게 됨.

교육계열에 관심 있는 학생이라면 한 번쯤 들어봤을 '거꾸로 교실'은 사실 2007년 우드랜드 파크 고등학교 교사로부터 출발한 개념이다. 강의식 수업을 온라인 수강으로 대체하고 교실에서 심화 학습을 진행한다고 해서 플립러닝(flipped learning)이라고 한다. 우리나라에서는 2015년에 〈KBS 거꾸로 교실의 마법〉으로 이슈가 되었고, 현재 서울대, 카이스트 등 대학을 중심으로 교육의 패러다임이 전환되고 있다.

초·중·고 중심으로는 '미래교실 네트워크(www.futureclassnet.org)'가 있으며 많은 선생님들이 교사 커뮤니티를 만들어 교육의 위기를 희망으로 만들기 위해 노력하고 있다. 새로운 방식의 수업을 설계하고 고민하는 자세는 교육자로서 필요한 역량이다.

학년	창의적 체험 활동상황		
	영역	시간	특기사항
1	동아리 활동	35	**(맨발로 뛰어라 : 자율동아리)** 평소 봉사하는 모습이 배어있는 학생으로서 시간이 날 때 지역 재활 센터 및 요양기관을 방문하여 봉사정신을 직접 실천함. 이웃어른들의 말벗이 되어 드리며 학생으로서 할 수 있는 일을 직접 하고 장애단체를 방문하여 말벗과 놀이봉사 등을 실천함. 교내에서도 도움이 필요한 학생들에게 선뜻 다가서서 말을 걸고 힘든 점을 함께 해결해 나가고 도움을 주는 학생임. 동아리와 진로를 위해서가 아닌 늘 타인을 배려하는 모습을 보임.

학년	창의적 체험 활동상황		
	영역	시간	특기사항
1	동아리 활동	30	**(도담도담)** 봉사활동 동아리인 도담도담 부원으로서 봉사정신이 남다르고, 한 달에 한 번씩 매월 셋째 주 토요일 정기적으로 봉사하는 노인요양원의 봉사활동을 위한 노래 부르기, 안마해드리기, 색종이 접기, 네일케어, 클레이모형 만들기, 식사보조하기 등 다양한 프로그램을 개발하여 주체적이고 어르신들이 역동적이고 즐겁게 활동을 하실 수 있도록 열정적이고 적극적으로 최선을 다해 참여함.

학년	창의적 체험 활동상황		
	영역	시간	특기사항
2	동아리 활동	28	**(동화구연동아리)** 봉사활동을 하다가 시각장애아동이 책을 읽지 못하는 사실에 안타까움을 느껴 친구들과 시각장애아동에게 책을 실감나게 읽어주고 싶어 동화구연동아리를 결성함. 친구들과 힘을 합해 동화구연을 배움으로써 아동들에게 생생하게 읽어줄 수 있도록 연습하고 실제로 시각장애인을 위한 책 녹음에 참여하는 추진력을 보임.

학년	창의적 체험 활동상황		
	영역	시간	특기사항
1	동아리 활동	35	**(수학문제제작반)** 수업시간 배운 개념을 이용하여 문제를 변형하거나 제작하여 동아리 부원들에게 발표해 봄. 문제 제작 과정에서 수식을 편집하는 방법을 배우고 다양한 유형의 문제를 파악해봄으로써 문제해결능력이 향상됨을 보임.

학년	창의적 체험 활동상황		
	영역	시간	특기사항
2	동아리 활동	30	**(URBOB : 자율동아리)** 교육청 지정 영어심화학습 동아리 부원으로 영어독후감 쓰기, 영어연설문 번역, 영어드라마 감상문 쓰기 등에 열정적으로 참여함. 특히 겨울방학 중 영어에 관심이 있는 1, 2학년 학생들 대상으로 영화 애니메이션 중에 한글대본을 영어로 작문을 하여 팀별로 발표하는 영어체험 교실을 개최하기 위해 기획, 준비,홍보 등 모든 과정을 동아리 부원들이 함께 협동을 하여 행사를 성공적으로 개최하여 참여한 학생들로부터 좋은 반응을 얻음.

동아리 이름	활동 내용
논술 동아리	다양한 문학, 비문학 관련 도서를 읽고 독후 활동을 통해 다양한 글쓰기와 사고를 기른다.
토론 동아리	현대 사회에 일어나고 있는 문제를 토론하여 현대 사회에 대한 비판적인 사고를 가진다.
영어회화 동아리	미국영화 속 대사를 가지고 영어 회화를 익히거나 팝송을 통해서 영어문법과 영어 문장을 학습한다.
스피치 동아리	다양한 주제를 가지고 자신의 생각을 글로 쓰고 발표함으로써 발표력과 리더십을 향상하고자 한다.
공모전 도전 동아리	다양한 글쓰기 공모전을 참여함으로써 경험을 쌓고자 한다.

영어자격증 동아리	토익, 토플 혼자서 공부하기 힘든 공부를 함께 공부함으로써 신나게 공부하고 자신의 영어실력을 확인해본다.
봉사 동아리	봉사활동을 통하여 보람을 느끼고 특수교사로서 간접경험을 해봄으로써 자신의 진로에 대해 생각해보는 계기가 된다.
한국사 동아리	우리나라의 역사를 배움으로써 기초가 된다.
수학 동아리	수학문제풀이를 통하여 수학문제해결능력을 향상시키고 모르는 문제를 함께 고민해보고 해결해나가는 과정을 통해 실력향상을 도모한다.
동화구연동아리	동화구연 연습을 통해 시각장애인 책 녹음 봉사, 손유희 등을 익히고 다양한 활동을 한다.

위 동아리는 참고 목록에 불과하다. 제시된 동아리만을 고집하지 말고 자신이 원하는 동아리를 만들어 다양한 활동을 해보자. 동아리 활동은 또 다른 경험이 되고 진로에 좋은 밑거름이 된다.

➡ 진로활동

학기	과목	활동 내역
1학기	3분 스피치	진로 3분스피치 '특수교사'
	꿈 JOBGO 진로캠프	진로계획 수립에 필요한 역량 습득
	전문직업인 초청	직업인으로서의 보람
	홀랜드전공적성검사	진로성숙도의 정도 파악, 적성에 맞는 라이프 스타일
	진로체험	특수교사가 되는 과정을 알아봄

학기에 '나의 꿈 나의 비전'과 같은 진로활동이 생각보다 많이 진행된다. 희망하는 진로 또는 목표로 하는 대학과 학과 그리고 직업 등 조사가 필요한 경우가 많다. 이 경우에는 워크넷(www.work.go.kr), 진로정보망 커리어넷(www.career.go.kr), 대입정보포털 어디가(www.adiga.kr)를 참고하면 된다.

남들과 달리 전공에 대한 깊이 있는 탐색을 희망하거나 진로 관련 활동을 할 때 TED(www.ted.com), 한국형 온라인 공개강좌 K-MOOC(www.kmooc.kr), 고등교육 교수학습자료 공동활용 서비스 KOCW(www.kocw.net)를 활용해 수행평가, 교내수상, 동아리 활동으로 다방면에서 연계할 수 있다. 주제를 선정해 탐구한 내용은 충분히 전공 심화 과정이 될 수 있다.

🗒 진로활동 (초등교육 관련 탐구 내용 기재)

학년	창의적 체험 활동상황		
	영역	시간	특기사항
3	진로 활동	31	학급을 넘어 학교 전체에 선한 영향을 주기 위해 히어로프로젝트에 참여하여 '몸 튼튼 마음 튼튼', '하루 3분', '노키즈존 근절 특공대' 프로젝트에 참여함. 특히 어린 아이들의 심리와 행동에 대해 이해가 부족하여 불편하다는 이유로 아이들의 영업장 출입을 금지하는 '노키즈존'이라는 사회현상이 발생하는 것을 보고 인식을 개선하고자 캠페인 활동, UCC 제작 방영 등의 활동을 함. 특히 노키즈존 현상은 방관적인 부모의 태도 때문이라고 보고, 해결방안으로 부모와 교사가 아이들에게 '배려', '존중'의 덕목을 교육하고 캠페인을 통해 사회 전반에 걸쳐진 부정적 인식을 바꾸어야 한다고 주장함. 시간의 소중함을 직접 깨닫고 자기관리능력을 향상하기 위해 '스승과 제자' 프로젝트에 참여하여 3월부터 7월까지 멘토로 참여함. 막연하게 초등교사의 꿈을 가지고 있었는데, 이번 활동을 계기로 남을 가르치는 선생님의 노고와 어려움에 대해 알게 되었다고 함. 특히 학습 내용과 학습대상에 따라 학습 방법의 다양성이 필요함을 깨닫고 '초등문학 수업에서의 정서 함양을 위한 교육연극 활용 방안' 자료를 찾아 정리하고 학습 동기를 높이기 위해 관련 이야기를 공부하는 것도 좋은 방법임을 깨닫게 되었다고 발표함. 전공 관련 도서를 읽고 좋은 구절을 친구들에게 소개하고자 학급 특색활동 '독서 짱' 프로젝트에 참여함. '얘들아 너희가 나쁜 게 아니야'를 읽고 학생을 포용하고 따뜻한 미즈나티 오사무 같은 진짜 선생님이 되고 싶다고 발표함. 6월에는 '준이오빠'라는 도서에서 발달 장애를 가진 준이를 차별하는 교사를 보고 우리 사회가 공정하고 평등한 기회를 부여받는 사회가 되기 위해 교육이 필요하고 그 역할을 교사가 해야 한다고 제시함.

관심 있는 분야를 탐색하기 위해 참여한 프로젝트는 학생의 진로성숙도와 전공적합성을 높일 수 있다. 전공 관련 도서와 활동을 통해 생긴 지적 호기심을 해소하는 일은 진로에 큰 도움이 된다. 사회적 이슈와 신문 기사 그리고 다양한 영상 매체도 진로탐색의 좋은 자료로 활용될 수 있다.

"韓청소년 수면부족에 학업 스트레스…선진국 중 행복도 최하위"
연합뉴스 PiCK | 2019.12.24. | 네이버뉴스 ㄷ
학업 스트레스도 높은 것으로 나타났다. 아동·청소년의 33.8%가 '죽고 싶다는 생각을 가끔 하거나 자주 한다'고 응답했으며, 그 원인으로 학업 문제(37.2%)가 가장 큰 비중을 차지했다. 학교에 가는 것이 즐겁다는 응답…
ㄴ 고등학생 하루 6.1시간 수면…아동… | 동아일보 PiCK | 2019.12.24. | 네이버뉴스
ㄴ 韓청소년 행복도 선진국 중 최하위… | UPI뉴스 | 2019.12.24.
ㄴ "한국 청소년 수면부족에 학업 스트… | YTN | 2019.12.24. | 네이버뉴스
ㄴ '韓 아동·청소년 행복도' 선진국 중… | KBS | 2019.12.24. | 네이버뉴스
관련뉴스 7건 전체보기>

진로활동 (교육계열 관련 사회적 이슈와 연계)

학년	창의적 체험 활동상황		
	영역	시간	특기사항
3	진로활동	30	청소년에게 스트레스를 올바르게 해소할 수 있는 방법을 알려 주고, 청소년 사이에 올바른 놀이 문화를 형성하여 청소년의 일탈을 방지하기 위해 학급특색 활동으로 '쉼표' 프로젝트를 한 후 보고서로 작성하고 발표하여 큰 호응을 받음. (중략) 교육팀으로 청소년 스트레스 자가 진단표를 통해 자신의 스트레스 척도와 스트레스 위험 정도별 해결방안을 제시하고 체험부스를 만들어 적극적으로 캠페인 활동을 함. '웃음 운동이 청소년의 우울감과 스트레스 해소에 미치는 영향', '청소년 문제 행동의 관계에서 대처방식의 조절효과'와 관련된 자료를 읽고, 웃음 운동 동영상을 준비해 친구들에게 시범을 보이며 친절하게 알려주었음.

📋 진로활동 (교육계열 관련 영상매체와 연계)

학년	창의적 체험 활동상황		
	영역	시간	특기사항
3	진로활동	30	EBS 극한직업 '간편식'편을 보고 1인가구가 증가함에 따라 다품종을 소량 생산하게 된 공장처럼 다문화 가정이 증가하는 현세대에서 자신도 다문화교육과 세계시민교육을 통해 학생에게 글로벌한 시각과 다양성을 존중하는 책임감 있는 태도를 길러주는 교사가 되어야겠다고 다짐함. 이를 위해 다문화가족지원법과 다문화교육에 관한 정책에 대해 알아보고 다문화교육을 위해 학부모, 교사, 지역사회가 지녀야 할 태도에 대해 조사함.

📋 진로활동 (교육계열 관련 직업인 인터뷰와 연계)

학년	창의적 체험 활동상황		
	영역	시간	특기사항
3	진로활동	52	'초등학생의 독서활동'을 주제로 직업인과의 인터뷰를 진행하고 완성도 높은 보고서를 작성함. 교사와 인터뷰를 실제로 진행하기 위해 평소 교육 관련 궁금했던 질문을 작성했고 독서교육과 창의력 증진 교육 등에 초점을 맞추어 인터뷰를 진행하고 교수학습 방법 등을 배움.

📋 진로활동 (교육계열 관련 4차산업혁명과 연계)

학년	창의적 체험 활동상황		
	영역	시간	특기사항
3	진로활동	22	'4차 산업혁명 위기인가, 기회인가?'라는 주제의 동영상을 보며 미래 사회의 직업 세계 변화를 예측하고 이에 대한 대응의 필요성을 인지함. 희망 직업인 교사의 직업전망을 알아보며 인공지능이 교사의 역할을 대체할 수 있는 가능성에 대해서도 고찰함. 교사는 사람과 진정으로 소통하고 이해와 공감 능력을 발휘해야 하는 직업이라고 생각해 AI(인공지능)가 이를 온전히 대체하는 것은 한계가 있다고 판단했지만 4차산업혁명으로 발달한 기술을 활용해 교육의 질을 높일 수 있는 방법도 있을 것이라는 생각을 표현함.

진로활동 특기사항 예시

학년	창의적 체험 활동상황		
	영역	시간	특기사항
1	진로활동	44	진로교육을 통해 자신에게 맞는 진로를 탐색하고 고교 생활을 설계, 진로 결정, 자신의 역량 강화, 능력개발을 위한 계획을 수립, 미래 설계까지 하도록 지도를 함. 자신의 진로를 찾고 난 뒤 교실수업에 대한 참여도, 열정, 호기심이 높아지고 체험학습과 비교과활동에서 모두 적극적이고 능동적으로 변화하는 모습을 발견함. 자기 소개하기 발표시간에 좋은 생활습관으로는 긍정의 힘을 믿고 스스로 격려하고 응원하는 것, 매일 점심시간과 저녁시간마다 교정을 산책하는 것, 걷기대회를 매년 친구와 함께 참가하는 것이라고 함. 학습방법과 계획으로는 학습 플래너를 활용하여 시간 관리와 학습관리를 하고 수학을 좋아해서 수학 관련 동아리에서 반장을 맡아 수학 문제풀이 방법을 공유하고 어려운 문제는 서로 힘을 맞대어 풀려고 노력함.

학년	창의적 체험 활동상황		
	영역	시간	특기사항
2	진로활동	12	대학전공적성검사를 통해 자신의 적성이 어떠한 분야에 적합한지 그리고 진학에 대해 결정할 때 무엇을 중점으로 결정해야 하는지 알게 됨. 자신이 알고 있는 자신의 특성과 잘 모르고 있는 특성 등에 대해 살펴보면서 어떠한 분야가 자신에게 적합한지 고민해보는 시간을 갖게 됨.

학년	창의적 체험 활동상황		
	영역	시간	특기사항
1	진로활동	30	대구광역시 교육청에서 주최한 제7회 진학진로박람회(2016.07.22)에 참가하여 '수시 합격을 위한 나의 길 찾기'라는 주제 아래 대학별 전형 정보를 수집하고 대학진학을 위해 효율적으로 대비할 수 있는 방법을 알게 되어 자신감을 가짐.

학년	창의적 체험 활동상황		
	영역	시간	특기사항
2	진로활동	34	'선배님께 길을 묻다' 활동에서 특수교사 선배와의 인터뷰를 통하여 특수교사에 대한 전망과 특수교사가 하는 일에 대해 구체적으로 알게 됨. 학교 현장에서 일을 하는 선배의 모습을 보고 감동을 느끼고 자신 또한 멋진 교사가 되겠다고 다짐.

학년	창의적 체험 활동상황		
	영역	시간	특기사항
1	진로활동	25	전문직업인초청특강에서 '아침을 여는 소리'란 주제의 강연을 듣고 평소 자신의 생활패턴과 삶의 자세에 대해 성찰해보는 시간을 갖게 됨. 자신이 생각하고 있는 미래를 위해 현재 자신은 무엇을 하고 있는지에 대해 생각해보게 됨. 이를 계기로 자신의 인생 계획을 구상해보는 등 미래를 위해 철저한 준비가 필요함을 깨닫고 다시 한 번 마음을 다 잡는 시간이 됨.

학년	창의적 체험 활동상황		
	영역	시간	특기사항
3	진로활동	30	멘토 멘티 활동에 참가해 평소 학습할 때 어려웠던 점이나 희망하고 있는 학과 정보에 대한 궁금한 점 등을 질문하여 자신의 학습계획에 도움이 될 만한 정보를 얻게 됨. 특히 자신과 같은 처지에 있었던 선배들의 이야기를 들으며 자신감을 얻게 되었고 현재 자신의 미래 준비를 위해 무엇을 해야 할지 고민해보는 시간을 갖게 됨.

학년	창의적 체험 활동상황		
	영역	시간	특기사항
1	진로활동	24	자기소개서 특강(2017.05.11.)을 통해 자기소개서 작성 시 필요한 기본적인 사항과 작성 요령에 대해 새롭게 알게 되었음. 특히 자소서 예비 작성 과정에서 고교 생활의 과정을 되돌아보는 좋은 성찰의 시간을 가졌으며, 향후의 자신의 진학 및 진로에 대한 진지한 고민과 함께 자신의 미래의 삶에 대한 방향을 한 걸음 더 구체화하고 전진하는 계기가 되었음.

학년	창의적 체험 활동상황		
	영역	시간	특기사항
2	진로활동	30	'교수님께 길을 묻다' 활동에서 복지도 특수교사에게 필요한 부분이라고 생각하여 사회복지학부 강의에 참여함. 4차 산업혁명으로 나아감에 따라 '가족'과 '공감'의 역할이 중요해진다는 강의를 듣고, '특수아동에게 가족처럼 다가가고 특수아동의 마음을 공감할 줄 아는 선생님'이 되고 싶다는 마음을 가짐. 사범계열 강의에 참가하여 교수법에 대해서 가슴에 새김.

학년	창의적 체험 활동상황		
	영역	시간	특기사항
2	진로활동	48	입시설명회(2017.05.19.)에 참여하면서 다양한 입시 전형과 입시 전략에 대한 이해를 갖게 되었으며, 특히 수도권과 지방의 대학별 전형에 대해 알아보면서 자신이 희망하는 대학과 학과의 전형에 대한 정보를 가지면서 자신에게 적합하고 바람직한 입시 전략을 구상하였음.

교육계열의 진정성! 봉사활동

교사를 희망하는 학생에게 사실 가장 필요한 경험은 누군가를 가르쳐보는 것이다. 교육이 쉽지 않다는 것을 몸소 경험해보고 실제 교단에 서기까지 많은 준비와 노력이 필요하다는 것을 깨달아야 한다. 교육봉사를 하면서 만날 수 있는 '나만의 스토리'를 기대하며 각 계열마다 봉사 예시를 참고하기 바란다.

지역아동센터 학습지도 봉사활동	아이들과의 소통을 늘려나가 아이들의 의견을 적극적으로 계획안에 반영하고, 어려운 미술활동은 고학년과 저학년을 나누어 진행하는 등 수업의 대상에 따라 맞춤형 지도를 할 수 있도록 수업을 재구성함. 미술 수업에 대한 흥미도가 높아지니 반짝이는 눈으로 재미있게 수업에 참여하는 아이들의 모습을 보며 뿌듯함을 느껴 지속적으로 봉사활동을 참여하게 됨.
아프리카 아시아 난민 동화책 번역 봉사활동	교육의 혜택을 받지 못하는 해외 아동과 청소년에게 교육지원이라는 나눔을 실천하고자 학기 중 아프리카, 아시아를 후원하는 동화책 번역 및 캠페인 봉사활동에 참여함. 이 과정에서 교육의 기회는 모든 사람에게 평등하게 주어져야 하고 많은 사람의 관심과 나눔의 실천이 필요함을 깨달음. 또한 한글 동화를 영어로 번역하는 과정에서 우리말의 의미를 제대로 번역해서 전달하기 위해 많은 노력을 했다고 함.

보호 작업장 봉사활동	학급 내에서 조를 편성하여 '보호작업장'을 정기적으로 방문하여 작업하는 일을 도와 드리며 봉사하는 기간을 가짐.
재활원 도우미 봉사활동	'나자렛 집'을 정기적으로 방문하여 신체적, 정서적으로 불편하신 분을 위해 봉사활동을 함. 봉사과정에서 다리가 불편하신 분을 위해 재활운동을 할 수 있도록 도왔으며, 휠체어를 밀며 산책을 함께 함. 그리고 식사하실 때, 옆에서 말동무가 되는 등 적극적인 모습을 보여줌.
장애인 대상 수업의 수업 보조 봉사활동	장애인 여성 꽃꽂이 수업 보조를 하면서 몸이 불편하신 분들의 힘든 점을 몸소 깨달았으며 소외된 이웃에게 도움이 필요함을 절실히 느낌. 또한 장애인의 휠체어를 밀어주면서 이동 시 불편사항을 듣고 많은 개선이 필요함을 생각하고 학우들에게 도움이 필요하며 관심을 갖도록 이야기함.

수학 멘토링 봉사활동	학급 내 친구와 함께 수학 멘토링 활동을 함. 정기적으로 친구와 함께 시간을 계획하여 교과서와 문제집을 통해 개념 설명 문제 풀이를 하는 시간을 가짐. 멘티의 질문을 해소해주기 위해 노력하는 과정에서 교학상장의 뜻을 몸소 느끼게 됨.

메이트 프로그램 교육 봉사활동	1학기 중 대구광역시교육연수원 글로벌 교육부가 주관하는 북 메이트 프로그램(초등학생 대상 영어 책 읽어주기) 봉사활동에 자신의 영어 구사 능력을 활용, 적극적으로 참여하여 지역초등학생 대상의 영어교육 활동에 도움을 줌. 친구들의 의견을 잘 수렴하고 친구들을 즐겁게 해주어 호감을 받고 있으며 긍정적인 생활 태도로 주변 친구들에게 좋은 영향을 끼침. 어려운 이웃에 대해 관심을 가지고 위로하려고 노력하고 어려운 이웃의 마음을 잘 헤아릴 줄 알며 잘 도와줌. 봉사를 하면서 일의 즐거움과 보람을 느낌. 봉사활동에 적극적으로 임하며 책임감 있게 활동하려고 노력함. 재능기부를 통한 아동 돕기에 솔선수범함. 교육과정 내 봉사활동에 의거하여, 교실 환경 정비, 쓰레기 줍기 활동, 교내 잡초 제거 및 청소 활동 등의 다양한 활동에 적극적으로 참여함.

교과 세부능력 특기사항으로
융합적 지식을 보이자!

입학사정관은 서류평가 과정에서 학생의 학업능력과 자기주도적 학업태도, 전공 분야에 대한 관심, 지적 호기심, 창의적 인재로 발전할 가능성 등을 평가합니다. 이때, 한 종류의 서류나 항목만으로 학생을 평가하지 않으며 제출된 학교생활기록부와 자기소개서, 추천서의 내용을 모두 반영하여 종합적으로 평가합니다.

예를 들어, 적극적인 학업태도를 갖춘 학생인지를 판단하기 위해서는 학교생활기록부에 기재된 수업 참여도와 수업 선택 내역, 교내 프로그램 참여 현황, 학업 관련 학내 활동 참여 노력, 자기소개서나 추천서에 드러난 지적 호기심을 해결하기 위한 노력 등 제출서류에서 드러나는 모든 부분을 종합적으로 고려합니다.

학교생활기록부, 추천서, 자기소개서의 서류별 반영 비율은 정해져 있지 않으며, 학교생활기록부에서도 특정 부분만을 평가에 활용하는 것이 아니라 교과성취도, 교내 수상, 세부능력 및 특기사항, 독서활동 상황, 행동특성 및 종합의견, 창의적 체험활동 등 기재된 모든 내용을 평가 대상으로 합니다.

[세부능력 및 특기사항]

학교생활기록부의 '세부능력 및 특기사항'은 학생의 교과별 학습활동 내용을 판단할 수 있는 부분입니다. 기재된 교재나 수업 내용 (토론, 발표, 실험 등), 그 안에서 보인 학생의 노력, 과제 수행 내용 등을 통해 학생이 수업에서 학습한 내용과 수준을 파악하여, 단순히 교과 성적 수치로 볼 수 없는 학생의 역량을 살펴볼 수 있습니다.

예컨대 과학 교과 이론 수업에서는 비슷한 수준이라고 여겨지던 학생이 실험 수업에서 실험 설계 능력, 문제 해결 능력 등의 우수성이 드러나는 경우, 수학 교과 중에서 유독 통계 부분에 강점을 보이는 경우 등 수치화된 성적으로 드러나지 않는 학생의 우수성을 평가합니다.

– 서울대학교 학생부종합전형 참고 –

Ⓠ **수행평가가 중요한 건가요?**

Ⓐ 교과 세부능력 및 특기사항은 '넓고 깊게 공부하고자 노력하는 학생의 학습 태도'를 담을 수 있습니다. 수업 내용을 바탕으로 관심 있는 분야를 깊이 있게 탐구하는 자세는 고등학교 생활에서 가장 중요합니다. 단순 교과 성적으로 평가받는 것이 아니라 교과 과정 속에서 내가 얼마나 성장했고 노력했는지가 중요합니다. 최근 수행평가가 확대되면서 중간고사 필기시험이 사라지고 기말고사와 수행평가로 교과내신 성적이 산출되기도 합니다. 이런 변화는 교육계열을 희망하는 학생들에게 많은 것을 시사합니다. 앞으로는 교사들에게 교실 안에서 학생들이 자신의 재능과 적성을 발휘할 수 있도록 수업을 설계하고 연구하는 역량이 필요합니다.

➡️ **스토리가 있는 학생부의 핵심! 'Connection'**

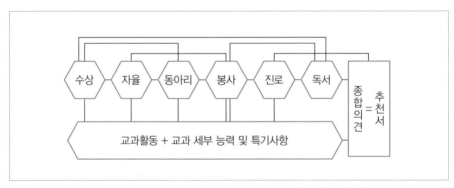

출처 : 서울대학교 학교생활기록부 정보의 재구조화

교과수업과 세부능력 및 특기사항은 학생 중심의 학교생활기록부의 기본이자 핵심적인 역할을 한다. 진로를 기반으로 과목을 선택한다는 것은 배우는 각 단원과 소단원의 주제들이 진로와 충분히 연계성(Connection)을 가질 수 있다는 것이다. 교과수업과 다른 활동들을 연계한다는 것은 학생들에게 결코 쉬운 일은 아니다. 주도적인 학습 태도가 필요하며 무엇보다 관심 있는 분야의 탐색 과정들이 학기마다 특강, 주제탐구활동, 동아리활동, 수행평가, 독서 등으로 연계가 되어야 한다.

교과
영어독해와 작문
수업시간에 집중하여 수업에 참여하였고, 매 수업시간마다 주어지는 번역활동에 꾸준히 참여하여 배운 내용을 복습하며 성실성을 보여줌.

진로희망	봉사활동	수상	진로	동아리활동
초등교사	**학습지도 봉사활동**	**비교과수상22개**	**'초등교사' 보고서**	**교육동아리**
아동센터에서 초등학생들 대상으로 지속적인 봉사활동하면서 꿈을 확고히 함.	아동센터에서 한글, 한자, 국어, 수학, 서예 등 다양한 과목을 지도하였고 다른 센터에서는 놀이봉사활동도 함.	또래학습멘토링 대회부터 글짓기, 포스터대회까지 다양한 수상경험을 함.	논문 3편을 참고하여 평소 궁금했던 인성교육과 다문화가정 아동 등 내용을 이해하고 보고서를 작성함.	3년 동안 교육 동아리에서 다양한 교육 주제를 알아보고 토론하고 발표하는 시간을 가짐.

개인
학급자치회 리더십 경험
1학년 때부터 학습부차장을 시작으로 3학년 회장까지 학급에서 리더십 역량을 키움.

출처 : (스토리가 있는) 학종사용설명서 초등교육학과 Connection 예시

교과 세부능력 특기사항 속에서 융합적 지식은 기본이며 다른 교내 활동과 연계하여 자신만의 스토리와 진로 로드맵을 설계해보길 추천한다. 교육계열 합격생들의 세부능력 특기사항을 보며 나만의 '융합적 지식' 아이디어를 만들었으면 한다.

구분		세부내용 특기사항
2학년	문학	'우리가 물이 되어(강은교)'와 '저녁에(김광섭)'의 의미 관련성에 대한 연구 활동에서 윤회설을 바탕으로 도종한 시 '인연'과 '님의 침묵(한용운)'까지 스스로 찾아내어 연관성을 조사하는 확장적 사고를 하였으며, 만남과 인간관계에 대해 철학적으로 사색한 수준 높은 발표 활동을 하였음. 또한 자신의 진로와 연계하여 작지만 소중한 교사와 학생 간의 만남의 의미에 대해 깊이 생각한 내용을 감상문으로 작성함. '부끄러움'에 대한 UCC 만들기 활동에서 욱일기를 통한 역사 왜곡의 부끄러움, 무지의 부끄러움을 기획하고, 배경 그리기, 내레이션 등의 역할을 통해 주제가 잘 드러나는 완성도 높은 작품을 창작함. 윤동주의 '참회록'과 '별 헤는 밤'을 관련지어 감상하기, 이육사의 '절정'을 학습한 후 시인의 다른 시 '꽃'을 감상하는 등 심화학습을 스스로 할 줄 알며, 이를 바탕으로 시를 활용한 인성 교육 수업 지도안을 창의적으로 작성함. '태평천차(채만식)'의 풍자적 표현을 통해 바른 역사의식과 양심적 태도, 공동체 의식의 중요성을 깨달아 올바른 가치관 교육의 중요성에 대해 깊이 고찰한 감상문을 작성함. '속미인곡(정철)'을 구 단위로 분절하여 퍼즐로 만들고 순서에 맞게 구절을 맞추는 활동에서 뛰어난 능력을 보임.

💬 문학 수업으로 연계 가능한 활동의 예

확장적 사고		시		가치관 교육
교과서에 등장하는 문학 작품 외 스스로 다른 작품과 연계함.	+	다른 시를 찾아 심화학습을 스스로 함. 시를 활용한 인성 교육 수업 지도안 작성함.	+	작품을 통해 바른 역사 의식과 양심적 태도, 공동체 의식의 중요성 깨달음.
⬇		⬇		⬇
이색적인 문학 모의 수업 연구 가능		시 외 연극 등 창의적인 인성 교육 탐구 가능		역사계열을 희망한다면 문학 작품과 역사를 연계하여 심화학습 가능

구분		세부내용 특기사항
1학년	수학II	형성평가 후 오답으로 힘들어하는 친구들에게 먼저 다가가 최선을 다해 차근차근 설명해주려는 모습이 예쁨. 설명 시 친구의 실력을 파악하고 체계적으로 단계를 나누어 가르치며 최대한 간단하고 알기 쉽게 표현하여 교실 내에서 교사로 활약함. 로그에 대한 밑의 변환 공식을 예습하고 판서내용을 철저히 준비하여 교실친구들 앞에서 1차시의 강의를 친절하게 진행함. 특히 강의계획서가 체계적이고 알기 쉬우며 가독성이 뛰어나 교사를 놀라게 함. 피보나치와의 인터뷰를 주제로 신문기사를 작성하여 발표함. 피보나치 수열을 구하는 과정을 그림을 통해 보여주고 황금비에 관련된 다양한 사례를 제시하여 친구들에게 큰 호응을 얻음. 수업시작에 똘망똘망한 눈빛으로 수업에 임하여 교사가 힘이 나게 해주며 수업내용에서 헷갈리는 게 있는 주변 친구들에게 친절하게 알려주어 큰 신임을 얻음. 집중력과 끈기가 있어 문제풀이에 한번 열중하면 불꽃처럼 타오르듯 문제에 임함. 기본개념을 익히는 과정이 정확하고 빠르며 도형을 잘 그림.

💬 수학 수업으로 연계 가능한 활동의 예

교실 속 교사 체계적인 강의계획서		피보나치수열 신문기사 작성		똘망똘망한 수업태도
다른 학생들의 학업을 돕고자 하는 자세와 모의수업 등 교사를 희망하는 자세가 드러남.	+	수행평가 과정에서 다양한 사례를 알아 봄.	+	교사가 힘이 날 정도로 수업에 임하는 학습태도가 우수함.
⬇		⬇		
교육 관련 동아리 또는 지역아동센터에서 모의수업과 멘토링 연계 가능		희망하는 교육계열에 따라 다양한 사례를 다른 활동과 연계 가능		

구분		세부내용 특기사항
3학년	영어 독해와 작문	영어교과 부장을 맡아 학습지를 정리하고 수업을 준비하는 등 선생님에게 많은 도움을 줌. 1, 2학년 영어독서수업에 활용할 신규도서 소개 작업에 참여하여, 학생들이 수업에서 읽을 책 선택에 도움이 될 수 있도록 한 줄 줄거리, 책을 추천하고 싶은 대상, 책에 대한 자신의 소감 등을 작성하는 활동을 함. 자아 복잡성에 관한 내용을 복잡성 수전에 따라 두 가지로 구별하여 Visual Thinking으로 정리하고 자신이 이해한 내용을 영어로 다시 작성 후 발표하여 다른 학생들의 내용 이해를 도움.

3학년	영어 독해와 작문	'꿀벌의 경고'를 보며 우리나라 토종벌이 과일나무의 수정을 하는 등 중요한 역할을 한다는 것을 알게 되어 토종벌 폐사에 대응을 더 잘 해야 한다는 생각을 하게 됨. 토종벌을 포함한 작은 생명도 인간에게 도움이 된다는 점을 장차 교사로서 학생들에게 알려 주어야 한다고 생각함. 환경오염 및 동물의 생존 방법에 관한 글을 작문함. 농업과 임업에 사용되는 살충제로 토양이 오염되고 유익한 미생물과 곤충이 사라지기 때문에 살충제의 양을 줄여야 한다는 글을 주어진 조건에 맞게 매우 잘 씀. 산토끼가 추운 지역에서 몸의 색깔을 바꾸며 발에 있는 많은 털로 생존한다는 점을 설명글로 주어진 조건에 맞게 매우 잘 씀.

💬 영어 수업으로 연계 가능한 활동의 예

영어독서		영상 매체		작문
1, 2학년 수업에 활용 가능한 신규 도서 정리	+	수업과 관련한 '꿀벌의 경고' 영상을 시청함.	+	수업에 접하는 배경지식을 작문함.
⬇		⬇		⬇
독서는 다양한 주제로 연계 가능		TED, 다큐 등 교과와 연계가 가능한 영상은 지적 호기심의 해소와 심화학습으로 연계 가능 과학교육계열 희망 학생이라면 살충제의 원리 또는 생태계 보호 교육 등으로 연계 가능		다양한 배경지식의 지문으로 구성된 영어 교과목은 심화학습의 시작점이 될 수 있음.

사범교육계열 예시 ①

구분		세부내용 특기사항
2학년	미적분 I	수학 과목에 관심을 가지고 수업시간에 교사와 눈을 마주치고 질문 발표하며 소통하면서 수업에 적극 참여함. 처음 접하는 무한의 세계에 대해서 유한의 세계와 구분이 어려움이 있었지만 끊임없이 간다는 무한의 개념을 이해하여 수열의 극한과 함수의 극한에 관련된 문제를 잘 해결함. 미분의 원리인 미분계수의 뜻과 미분계수의 기하학적 의미를 아주 잘 이해하였으며 미분을 통하여 수많은 문제를 아주 쉽게 해결하는 경험을 함.

2학년	미적분 II	특별히 미분을 활용하여 함수의 그래프를 쉽고 자세하게 그리는 부분에 있어서 깊이 깨달음. 2000년 전의 아르키메데스가 사용하였던 적분의 원리인 구분구적법을 이해하였고 구분구적분법을 활용하여 다양한 도형의 넓이를 구하는 과정을 수행하였음. 수학의 원리인 미적분을 통하여서 수학이 현대 시대의 많은 문제들을 해결해왔고 해결할 수 있는 도구라는 것을 경험하였음. 수행평가에서 수학을 활용한 실생활 예를 찾아 자신만의 표현으로 아주 잘 설명하였음. 미적분 1에 대한 이해도가 깊으며 수학의 즐거움을 느낀 한 학기였고 더욱 수학과목에 깊은 관심이 생김. 앞으로 수학이라는 학문에서 매우 발전이 기대되는 학생임. 수학 과목을 좋아하고 수학 문제를 해결하는 것을 즐거워함. 자신이 아는 것을 친구들에게 친절하고 자세하게 설명하는 것을 행복해하며 잘함. 자신의 수학발전 뿐만 아니라 급우들의 수학 실력향상에도 많은 도움을 줌. 수업 시간에 항상 바른 자세와 집중하는 모습으로 급우들과 선생님에게 매우 긍정적인 모습을 보임. 평소 수학적 호기심에 따른 질문을 많이 하며 질문의 내용이 수학사적으로 핵심적인 내용이 많음. 또한 수업시간에 전개되는 내용을 자신의 사고를 따라서 능동적으로 분석하고 또 다른 방법을 제시할 정도로 사고가 매우 논리적이고 수학의 엄밀성을 알고 있는 학생임. 학교 수업에만 머물러 있지 않고, '수학을 더 잘 할 수는 없을까?', '미분과 적분의 내용은 무엇이지?' 이러한 질문들을 스스로 던지며 수학 관련 다양한 분야의 독서를 찾아서 하는 모습이 매우 인상적이고 특별히 '수학이 안 되는 머리는 없다(박완근)'를 통해서 문제해결형 인재가 아닌 문제제기형 인재가 되어야겠다는 다짐을 함. 앞으로 더욱 열정적이고 지속적인 노력을 한다면 수학적으로 발전가능성이 큰 인재임.

Memo▶ 학교 수업을 바탕으로 자신의 학업역량을 위해 수학 관련 도서들을 찾아 읽는 과정을 볼 수 있다. 이처럼 교과 수업과 연계된 도서들은 자신의 지적 호기심뿐 아니라 관심 분야를 깊이 있게 탐색할 수 있는 과정이 될 수 있다.

사범교육계열 예시 ②

구분		세부내용 특기사항
1학년	수학I	평소 방정식과 부등식에 대하여 적극적으로 질문하고 발표하는 등 다양한 문제의 해결 능력을 키우기 위한 자기 주도적 학습 태도를 보임. 실생활 문제를 여러 가지 방정식을 이용하여 해결하는 과정이 뛰어나며, 문제를 분석하여 핵심을 파악하는 능력이 좋음. 수업 시간에 배운 내용을 꾸준히 복습하며 철저한 계획하에 자기 주도적 학습 능력을 높인다면 수학 수행 능력이 나아질 것이라고 확신함. 방과후학교 개념과 유형 따라잡기반(유형별 문제와 통합적 문제를 통한 문제해결력 신장, 34시간)을 수강

1학년	한국사	자신만의 한국사 노트를 만들어 수업시간에 배운 내용을 시간의 흐름에 따라 정리하여 역사적 사실 개념 인과관계 및 사건의 흐름을 파악하며 지식의 폭을 넓힘. 6.10만세운동, 신간회, 광주학생항일운동의 연결하는 부분을 일기형식으로 작성하고, 한국광복군과 관련된 부분은 문제 형식으로 작성하여 시험출제를 예측해보는 등 각 단원마다 가장 중요한 부분을 골라 일기형식이나 문제의 보기 형식으로 요약하여 정리하며 자신의 것으로 소화하는 과정을 거침. 특히 일제강점기인 1920년대 일본의 통치방식인 문화통치 부분을 자발적으로 발표하여 학생들로부터 박수를 받고 자신감을 얻는 계기를 마련함. 친구들에게 자신이 정리한 내용을 설명하며 자신의 학습 방법을 나누며 한국사 학습을 도와주고 그 과정에서 모르는 부분은 사전과 교과서를 찾아보며 확실하게 자신의 것으로 만듦. 친구들과 상호작용하며 지식을 나누는 과정을 통해 자신이 알고 모르는 부분을 확실하게 정리하며, 친구들의 의견을 받아들여 고정된 자신의 생각을 바꾸는 계기를 마련함.

Memo ▶ 독특한 공부 방법을 통해서 친구들과 공유하고 공부 내용을 바탕으로 발표하는 과정을 기입하면 학습할 때의 자기 주도적 학습 태도를 강조할 수 있다.

사범교육계열 예시 ③

구분		세부내용 특기사항
2학년	영어II	모르거나 확실하지 않은 문제에 대해서 돌파구를 찾기 위해 끝까지 인내하며 해답을 찾고자 하는 노력을 함. Lesson 8 'I have a voice'의 수업에서 당시 조지 6세 왕의 말 더듬는 버릇을 극복하는 지문을 독해하면서 장애를 극복하려는 왕의 뚜렷한 목표와 굳은 의지에 감명을 받음. 평소 가고 싶었던 장소로 캐나다를 선정해 유명한 명소에 대해 세부적인 조사를 해보고 계획을 짜며 실제 여행책자를 만들어냄. 발표를 준비하여 꾸준히 영어 읽기를 연습하고 외우는 과정을 반복하며 조원끼리 서로 부족한 부분을 보완해주고 노력하는 모습을 보임. 또한 영어 말하기에 대한 자신감이 상승하여 훨씬 수월하게 발표하는 자신의 모습을 통해 자신의 성장을 스스로 느끼는 계기가 됨. 지구온난화를 막기 위한 방법에 대한 영어 에세이를 준비하면서 지구온난화의 원인, 문제점, 해결책에 대하여 교과서 본문을 활용하여 논리적이고 정확한 어순으로 나열하며 읽기 좋은 에세이를 작성하는 모습을 보임. 방과후 학교 'Perfect Reading' (실생활에 필요한 지문들의 구조를 분석하고 내용을 완벽하게 이해하는 능력함양, 34시간)을 수강함. 방과후 학교 '영어듣기반'(아침시간마다 듣기 문제를 풀고 다양한 단어의 쓰임을 적용, 10시간)을 수강함.
	사회 문화	항상 수업 시간에 집중력을 유지하고 하나라도 배우려는 자세가 돋보이는 모범적인 학생으로 수업 시간에 이루어지는 다양한 활동에 적극 참여함. 5분 스피치 활동에서 사회 변동의 이해를 주제로 선정하여 사회 변동의 의미, 관점, 이론에 대해 발표함. 과제를 준비하면서 발표한 내용들이 독립적으로 떨어져 있는 것이 아니라 서로 유기적으로 연결되어 있다는 것을 깨달음. 발표가 물이 흐르듯이 자연스럽게 이루어져 듣는 입장에서 편안함을 느낄 수 있었음.

| 2학년 | 사회
문화 | 사회 변동 이론인 순환론을 설명하기 위해 백과사전에서 이탈리아 사회학자 파레토의 이론을 조사하여 발표함으로써 급우들의 이해를 도움. 더불어 우리나라의 근대화를 설명하면서 흥미를 끌기 위해 '근대화론'과 결합하여 발표함. 발표 초기에는 긴장하는 모습을 보였으나 시간이 흐르면서 안정된 모습과 상황을 유연하게 대처하는 모습을 보여줌. |

Memo▶ 발표준비나 학습 자료를 만드는 과정에서 완벽할 때까지 부족한 점을 보완하기 위해 많은 시간을 투자했다는 것을 부각시키면 교육계열 종사자들이 교육 자료를 준비할 때 필요한 꼼꼼함이나 준비성의 소양을 갖추고 있다고 강조할 수 있다.

사범교육계열 예시 ④

구분		세부내용 특기사항
3학년	독서와
문법	독서와 문법 시간에 감명 깊게 읽은 책 '헬렌 켈러'를 소개함. 친구들 앞에서 장애를 극복한 헬렌 켈러의 생애, 명대사들을 들려주면서 느낀 점과 자신의 꿈을 연계하여 자신이 되고자 하는 특수교사라는 직업을 친구들 앞에서 ppt로 발표함. 특수교사가 무엇인지 아는 계기가 되었고 친구들의 극찬을 받음. 무엇보다 친구들이 집중할 수 있도록 발표하는 모습이 인상적임.
실용국어(22시간) 방과 후 수업 활동에 적극적으로 참여하여 자신의 국어 지식과 사용 능력을 자기 주도적으로 향상시킴. 궁금한 점이 있으면 적극적인 질문과 폭넓은 사고 활동을 통해 해결하였고, 수업이 진행되는 동안 집중력을 유지하며 적극적으로 참여함. 문법 단원의 내용을 요약, 정리하고 연구하여 학생들 앞에서 발표하는 활동을 아주 잘 수행하였음.
문법 이론의 본질을 잘 소화하여 알기 쉽게 전달하였으며 특히 질의응답 시간에 학생들의 질의에 적절한 답변을 하여 학생들의 신뢰를 얻음.
실전국어(12시간) 방과 후 수업 활동에 적극적으로 참여하여 글의 구조와 중심내용을 파악하기, 숨겨진 의도 파악하기, 글쓴이의 관점과 글 내용을 비판적으로 바라보기, 글 내용을 현실에 적용하기 등과 관련된 국어 학습 능력을 기름. 질문과 토의, 토론을 통해 부족한 부분을 적극적으로 보충하고 수업 내용과 관련된 자료를 자율적으로 찾아보면서 적극적으로 학습함.
	문학	문학 작품을 읽고 이해하고 해석하는 능력이 뛰어나며, 익힌 바를 내면화하고 감수성을 기르는 행위를 성실하게 수행함.
문학 작품을 읽고 교과서 뒷부분에 있는 학습 활동의 각 항목을 각자 풀어 보고 그 결과를 조원들끼리 의논하여 문학 작품의 이해에 이르는 협력 학습을 수행해 나감. 최선을 다하여 답을 찾기 위해 노력하고 조원 간의 논의를 통하여 자신의 견해를 피력하고 조원들의 의견을 수렴해 나가는 자세가 진지하고 성의를 다하는 태도를 보임.

3학년	문학	'완득이(김려령)'를 읽고 '담임 동주의 교육방식은 이상적이다'를 주제로 진행된 3:3 교차 질문식 토론에 적극적으로 참여함. 찬반 입장 모두에서 다양한 논거를 바탕으로 자신의 주장을 논리적으로 전개하고 상대 주장을 반박하며 능동적인 토론 능력을 보여줌.

Memo ▶ 진로와 관련된 도서를 통해 자발적으로 다른 친구들에게 진로를 알려주는 발표를 진행했다는 점을 서술하여 자신의 진로에 대한 높은 관심도를 보여줄 수 있다. 지식의 본질을 잘 파악하고 그 본질을 중심으로 세부 사항에 대해 분석하고 일목요연하게 정리하는 능력이 뛰어남을 작성하여 자신의 장점을 부각시킬 수 있다.

　　앞에서 자율활동, 동아리활동, 봉사활동, 진로활동 4가지와 교과 세부능력 및 특기사항에 대해서 알아보았다. 다양한 예시들을 참고하여 나만의 진로 로드맵을 작성하여 자신의 진로에 구체화해보자.

나만의
진로 로드맵

➡ 나의 진로는?

➡ 목표 대학은?

나만의 진로 로드맵

구 분	1학년	2학년	3학년
자율활동			
동아리활동			

봉사활동			
진로활동			
진로독서			

　　자신의 로드맵을 작성하기 위해서는 그 학교의 활동을 먼저 파악할 필요가 있다. 아직 고등학교에 진학하지 않은 학생들은 학교 홈페이지나 학교알리미를 이용하면 좋다. 지금 재학생이라면 동아리 선배나 아니면 자신이 가고 싶은 학과에 진학한 선배들이 했던 활동들을 참고해 자신만의 진로 로드맵을 작성해보기를 추천한다.

PART 2

교대
진로 사용설명서

대학에 들어가서
수강하는 과목

Q 초등교육학과를 자세하게 소개해주세요.

A 초등교육은 6세에서 12세까지의 아동을 대상으로 실시하는 교육을 말합니다. 초등교육학과에서는 아동의 심리적 특성을 파악하고 국어, 수학, 미술 등 다양한 교과에 대한 이론적 기초를 토대로 교육 현장에서 교사로 활약할 수 있는 방법들을 공부합니다. 교사는 단순히 지식 전달자가 아닌 인성 발달을 위한 전인교육을 해야 한다는 점에서 다른 직업과 다릅니다. 특히, 초등교육 교사는 아이들에게 매우 큰 영향을 미치기 때문에 교사로서의 전문성이 더욱 중요합니다.

초등교육학의 교육과정은 교육학과 교과교육 분야로 구분합니다. 교육학 분야는 초등교사와 학계 전문 인력자들을 위한 교육학의 기초 이론과 교사로서의 사명과 의무를 교육합니다. 교과교육 분야는 초등학교 교사로서 알아야 하는 교과에 대한 교육과정과 교수방법을 교육하고 모의 수업을 통해 실습의 기회를 다집니다.

초등교육학에서 수강하는 대표 과목은?

✏️ 아동문학

아동문학의 개념 및 역사적 배경, 타 교과와의 관계를 연구하고, 초등교육 현장에서 활용할 수 있는 다양한 프로그램의 개발과 교재 제작에 대해 배운다.

✏️ 초등 교육 과정

교육과정의 이론과 실제를 탐색하여 현행 초등학교 교육과정을 분석·평가하고, 열린 교육, 학습자 중심 교육과정, 수준별 교육과정 구성과 편성 기능을 익혀 초등학교 아동들에게 적절한 교과 교육과정, 특별활동, 학교 재량 시간을 개발하고 구성하는 법을 배운다.

✏️ 초등 교육론

초등교육의 목적과 중요성을 고찰하고 초등교육의 이론과 실제를 중심으로 초등교육에 대한 일반적인 내용을 배운다.

✏️ 초등학교 교육사

우리나라 및 서양의 초등교육의 발달 과정을 검토하고 분석함으로써 동서양 및 연대별 특성을 파악한다. 이로써 현대 사회 초등교육의 목표 및 교육 방법에 대한 반성적이고 발전적인 모색에 대해서 배운다.

✎ 학급 경영

초등학교의 생활지도 및 인성교육의 기초와 관련된 학급경영의 중요성을 인식하고, 학급경영과 관련한 다양한 이론과 실제를 연구함으로써 학급경영의 실천력을 배운다.

✎ 교육연구법

교육에 관한 여러 방법을 이해하고 논문작성에 필요한 실제적 기술의 습득과 문제해결을 위한 논리적 사고방식에 대해 배운다.

✎ 교수학습이론

교수학습에 대한 기본적인 개념들과 교수학습이론의 변천 과정을 살펴보고, 최근의 교수학습이론에서 논의되고 있는 수업 모형들과 적용 방안에 대해 배운다.

Ⓠ **초등교육학과에서는 인재상도 중요한가요?**

Ⓐ 네, 맞습니다. 각 대학교별로 인재상이 다르기 때문에 관심 있는 대학과 학과의 인재상은 꼭 확인해야 합니다. 교내활동을 통해서 자신이 어떤 인재인가를 설명할 수 있어야 한다는 게 다소 어려울 수 있습니다. 하지만 인재상을 파악해 자신의 부족한 역량을 키워간다면 충분히 나만의 스토리가 만들어집니다.

→ 교대 인재상

학교	인재상
경인교대	따뜻한 인성의 창의적 글로벌 교육 리더가 될 잠재력을 지닌 인재 창의적 교육 리더 / 인격적 교육 리더 / 글로벌 교육 리더
공주교대	자주적이고 창조적인 인간 / 도덕적이고 협동적인 민주시민 국가관이 투철한 애국인 / 높은 교직적 전문성과 사명감을 지닌 교사
광주교대	격조 높은 초등교원 윤리적 문화인 / 탐구적 교육인 / 보편적 세계인
대구교대	초등 예비교사로서 적합한 교직능력, 교직적성, 교직인성을 갖추고 슬기(지혜), 보람(긍지), 사랑(봉사)을 실천하며 참된 스승의 길을 가고자 하는 인재
부산교대	한새-COMPASS 창의 지성(Creative intelligence) / 교직 가치관(Occupational value) / 상호 협력(Mutual cooperation) / 실천 의지(Practicing will) / 학업 역량(Academic competence) / 공감 인성(Sympathetic character) / 주체적 리더십(Self-leadership)
서울교대	COPE형 인재 전념(Commitment)하는 인재/개방(Openness)적인 인재 전문(Professionalism)적인 인재/도전(Enthusiasm)적인 인재
전주교대	도덕성과 전문성을 갖춘 유능하고 창의적인 인재 교사로서의 교직 관련 열정과 리더십, 대인관계능력을 고루 갖춘 인재 교사로서 지녀야 할 사명감, 헌신, 사회공헌 의지를 갖춘 인재
진주교대	仁義禮智[인의예지]의 역량을 갖춘 학생을 선발하여 교양인, 봉사인, 창의인, 전문인을 육성하고, 이를 바탕으로 품격 있는 초등교사 양성의 인재상 실현
청주교대	인성을 갖춘 교육실천가, 창의적인 교육전문가, 시야가 넓은 교육지도자
춘천교대	변혁적 지성과 탁월한 품성을 바탕으로 초등교사로서 성장할 잠재력을 갖춘 자
이화여대	THE인재 T(Telos) : 주도하는 인재 / H(Hokma) : 지혜로운 인재 / E(Experience) : 실천하는 인재
제주대	• 바람직한 교직적 인성과 글로벌 마인드를 갖춘 학생 • 융합적 사고와 융합적 통찰력을 지닌 창의적인 학생 • 건강한 체력과 예술적 소양을 가진 학생
한국교원대	고교생활을 충실하게 하면서 교사의 꿈을 키워 온 학생

Memo▶ 초등교육학과의 인재상은 교사로서의 꿈과 자질을 키우는 데 있어 중요하다. 자신만의 스토리를 설계할 때 목표 대학의 인재상은 좋은 나침반의 역할을 해줄 수 있다.

→ 교대 개설 심화(학과)과정

학교	윤리교육	국어교육	사회(과)교육	도덕(과)교육	수학교육	과학교육	체육교육	음악교육	미술교육	실과교육	생활과학교육	컴퓨터교육	교육학	특수(통합)교육	유아·특수교육	유아교육	영어교육	초등교육
경인교대	●	●	●		●	●	●	●	●	●		●	●	●		●	●	
공주교대	●	●	●		●	●	●	●	●	●		●	●				●	
광주교대	●	●	●		●	●	●	●	●	●		●	●	●			●	
대구교대	●	●	●		●	●	●	●	●	●		●	●				●	
부산교대	●	●	●		●	●	●	●	●	●			●					
서울교대	●	●	●		●	●	●	●	●	●	●	●			●		●	●
전주교대	●	●	●		●	●	●	●	●	●			●				●	●
진주교대		●	●	●	●	●	●	●	●	●		●	●				●	
청주교대	●	●	●		●	●	●	●	●	●			●				●	●
춘천교대	●	●	●		●	●	●	●	●	●		●	●				●	
이화여대																		
제주대	●	●	●		●	●	●	●	●	●		●	●				●	
한국교원대		●	●	●	●	●	●	●	●	●			●				●	

Memo ▶ 초등교육학을 전공으로 하는 학생들에게는 초등교육의 특정 분야에 대해 배울 수 있도록 심화과정(학과)이 개설되어 있다. 각 학과에 소속되어 해당 전공의 과목을 추가로 이수하고 교수 및 선후배와 교류하게 된다.

졸업해서
나아갈 수 있는 분야

한눈에 보는 졸업 후 진로 분야

교육기관	초등교사, 문리학원 강사, 외국어학원 강사
공공기관	초등교육 관련 연구원 등 교육 전문가
기타	교육프로그램개발자, 병원아동생활전문가, 난독증학습장애지도사, 출판물기획자, 아동 방송작가, 아동발달전문가, 아동상품기획자, 1인미디어 콘텐츠창작자, 어린이용앱개발자

Memo 기업체의 교육 프로그램 관련 방송 PD부터 정부 및 공공기관의 교육청, 교육부 등 다양한 분야로 진출이 가능하지만 주로 공·사립 초등학교 교사로 진출한다.

교육서비스 분야

➡ 난독증학습장애지도사

❖ 난독증학습장애지도사는 정확히 어떤 직업인가요?

난독증학습장애지도사는 유아, 청소년, 성인 등 난독증을 앓고 있는 사람들을 대상으로 학습 장애를 진단, 검사하고 이들을 교육, 훈련하며 부모, 관계자 등에게 조언하는 일을 합니다. 부모와의 상담을 통해 자녀의 상황을 올바르게 인식할 수 있도록 이끌고, 아이들이 읽기에 인내심을 갖도록 도와주는 역할을 맡습니다.

❖ 초등교육학과 졸업 후 난독증학습장애지도사가 되기 위해서는 어떤 준비가 필요한가요?

아직 국가자격증이 따로 없어 한국학습장애학회 등 관련 학회 또는 기관에서 3개월 동안 교육을 받고 소정의 과정을 거치면 취득할 수 있습니다. 이 분야에서 전문가가 되고 싶다면 대학원 과정을 고려해볼 수 있습니다. 하지만 아직 국내에서는 이 분야를 지원하는 인력이 적어 정신과전문의, 언어재활사 등이 이와 관련한 업무를 병행하고 있습니다.

병원아동생활전문가

❖ 병원아동생활전문가는 해외에서 활발하게 활동하고 있는 직업이라고 들었는데 국내 활동 현황은 어떤가요?

네, 맞습니다. 해외에서 병원아동생활전문가가 되려면 국가에서 정한 일정 자격증과 현장경험, 수학과 영어 능력 등을 갖춰야 하며 석사, 박사 학위 취득자가 많은 편으로 교육 수준이 높습니다. 하지만 안타깝게도 아직 우리나라에서는 해외만큼의 전문가가 존재하지는 않습니다. 아동병원에서 아동 환자를 돌봐주거나 함께 놀아주는 활동을 하는 인력은 있지만, 이들은 병원 소속의 보건전문가가 아닌 자원봉사자들이 대부분입니다. 그렇지만 현재 정부가 신직업 육성 차원으로 민간 시장에 병원아동생활전문가가 잘 정착할 수 있도록 전문가 양성을 위한 훈련 프로그램을 개발하고 있고, 여성 적합 직장으로도 추천되고 있기 때문에 좀 더 체계적인 계획이 시행된다면 본격적인 활동을 기대할 수 있을 것으로 보입니다.

❖ **병원아동생활전문가는 어떤 업무를 주로 하나요?**

아동이나 가족이 병원에서 수술을 받거나 치료를 받는 경우에 병에 대해 스스로 이해할 수 있도록 도구를 개발하고 친절하게 설명해 줍니다. 무엇보다도 병원 생활에 대한 두려움이나 스트레스를 줄이고 잘 적응할 수 있게 돕습니다. 병원에 입원할 경우 수술실과 입원실 등을 아동 친화적으로 준비하고 스트레스를 받는 아동 환자의 특성을 고려해 가족과 간병인을 교육하기도 합니다. 그 외 질병으로 등교할 수 없는 아동의 학습을 지원하기도 합니다.

➡ 아동발달전문가

❖ **초등교육학과를 졸업 후 아동발달전문가가 되고 싶은데 유아교육학과 전공자에 비해 경쟁력이 부족하지 않을까요?**

물론 아동발달전문가를 희망하거나 혹은 현직 아동발달전문가들 중에서 유아교육과, 보육학과를 나온 분들이 압도적으로 많습니다. 하지만 그렇다고 초등교육학과에서 아동발달전문가가 될 수 없는 것은 아닙니다. 보육교사 자격증, 아동발달전문지도사 자격증 등을 취득 또는 대학원에서 아동발달심리를 전공한다면 아동발달전문가가 될 수 있는 조건을 충족하게 됩니다.

교육콘텐츠 분야

➡ 1인미디어 콘텐츠창작자

❖ 초등교육학과 졸업 후 1인 미디어콘텐츠 창작자가 될 수 있나요?

사실, 1인 미디어콘텐츠 창작자는 특별한 자격증 또는 학력을 요구하지 않습니다. 영상콘텐츠와 개인 방송을 위한 영상 기기를 다룰 수 있다면 누구나 할 수 있습니다. 최근 교육부 자료에 따르면 전국 934명의 교사가 976개의 유튜브 채널을 가지고 있다고 발표했습니다. 교사 유튜버 대다수는 겸직 허가를 받았으며 실제 광고 수익이 있는 교사들도 있습니다. 교육부는 미래 준비 차원에서 새 플랫폼에 대한 접근성과 교육효과를 고려해 교육활동의 일환인 경우 장려하되, 공무원으로서 기본적으로 지켜야 할 가이드라인을 마련한다고 했습니다.

➡ 어린이용앱개발자

❖ 앱 개발은 코딩교육을 배워야 하는 거 아닌가요?

네, 그렇습니다. 초등교육학에서 심화학과로 컴퓨터 교육을 한다면 앱 개발에 필요한 지식을 배울 수 있습니다. 하지만 코딩교육은 독학으로 누구나 배울 수 있습니다. 최근 초등학교 교사가 '내 손 안에 있소이다', '하루 하루 독립운동가' 외 초등 수학 앱 20여 개를 개발하고, 이를 자신의 수업에 활용한 게 이슈가 되었습니다. 증강현실로 입체도형을 가르치는 모습이 인상 깊었는데, 증강현실과 가상현실을 접목한 사회수업을 구상 중이라고 합니다.

❖ 전국 교사들이 가장 많이 사용하는 교육용 앱이 있나요?

네, 바로 클래스팅(www.classting.com)입니다. 이 앱은 수업 내용과 학습 자료, 알림장, 비밀 상담방 등의 서비스를 제공하는 '스마트폰 속 작은 교실'이자 학생, 학부모, 교사를 연결해주는 교육용 애플리케이션입니다. 실제 4년간 초등교사로 근무했던 클래스팅 대표가 서울교대 컴퓨터교육 석사과정 중 교실에서 학생들이 즐겁게 배울 방법을 연구하면서 클래스팅을 직접 개발했습니다. 가정통신문을 가방에서 꺼내던 모습보다 이제는 손쉽게 스마트폰으로 알림장부터 학업성취도까지 살펴볼 수 있습니다.

➡ 출판물 기획자

❖ **출판물 기획자는 보통 국어국문학과, 출판미디어과를 전공하는데 초등교육학과에서 출판물 기획자가 되기 위해서는 어떻게 해야 하나요?**

출판물 기획자는 어떤 학과를 전공하였는가보다 독자의 요구를 파악하고 출판 시장의 흐름을 빠르게 읽어나가는 능력을 더 중요시하는 직업입니다. 따라서 자신의 능력이 뛰어나다면, 프리랜서로 활동을 하거나, 공채나 특채를 통해 출판사, 잡지사 등에서 충분히 활동할 수 있습니다.

❖ **최근 초등교사가 출간한 책들이 많은데 겸직인가요?**

네, 그렇습니다. 교사에게 겸직이 허가되는 경우 중 가장 대표적인 경우가 바로 집필입니다. 기존에는 교사가 집필할 수 있는 책들이 한정적이었습니다. 주로 참고서 또는 수업 보조 관련 도서가 대부분이었지만 최근에는 인기 동화작가부터 희망퇴직 후 전업작가로 활동하는 이들도 있습니다. 교사생활을 하며 아이들과 함께 보낸 이야기를 담은 에세이까지 이제는 교사도 작가로서의 역량을 펼칠 수 있는 기회가 무궁무진합니다.

📋 임용고시 예시

구분	시험일자	시험과목	시험시간	시험장소	대 상
제1차 시험	2019. 11. 9.(토)	교직논술	09:00~10:00 (60분)	2019. 11. 1.(금) 〈홈페이지 안내〉	선발예정 분야별 응시자
		교육과정A	10:40~11:50 (70분)		
		교육과정B	12:30~13:40 (70분)		
		한국사	한국사능력검정시험으로 대체		
제2차 시험	2020. 1. 8.(수) ~ 2020. 1. 10.(금) [3일간]	교수·학습 과정안작성	제1차시험 합격자 발표 시 안내 〈홈페이지 안내〉		선발예정 분야별 제1차시험 합격자
		교직적성 심층면접			
		수업실연			
		영어수업실연 및영어면접			초등학교 교사 제1차시험 합격자

[제1차 시험]

선발 분야	시험 과목	배점	출제 범위	문항수	시간 (분)	비 고
초등 학교 교사	교직논술	20	• 초등학교 교직·교양 전 영역	1	60	논술형 (원고지형태 1,200자 이내)
	교육과정	80	• 초등학교 교육과정 전 영역	22문항 내 외	140	기입형, 서술형
	한국사		한국사능력검정시험으로 대체			

> **Memo** ▶ 교직논술 시험은 초등학교 교직과 교양 전 영역에서 출제되기에 대학의 전공수업을 성실히 수강하고 내용을 잘 숙지하고 있어야 한다. 교육과정 시험은 국어, 수학, 영어, 사회, 과학 등 모든 영역에서 기술형 또는 서술형으로 출제되며 한국사는 한국사능력검정시험으로 대체된다.

[제2차 시험]

선발 분야	시험 과목	배 점	출제 범위	문항수	시간 (분)	비 고
초등 학교 교사	교직적성 심층면접	40	• 교사로서의 적성, 교직관, 인격 및 소양	–	–	구술형
	영어수업 실연 및 영어면접	10	• 영어 의사소통 능력 • 영어로 진행하는 수업 능력	3	10	구술형
	교수·학습 과정안 작성	10	• 교과과정의 일정단원에 대한 교수·학습 과정안 작성	1	60	서술형
	수업실연	40	• 교사로서의 학습지도 능력과 의사소통 능력	–	15	구술형

Memo ▶ 교사에게 실질적으로 필요한 자질을 평가하는 제2차 시험은 심층면접과 수업실연 등으로 구술형과
교수·학습과정안 작성이 서술형으로 이루어진다. 실제 대학에서 진행되는 '교육실습'이 많은 도움이
되며 졸업 후 어떤 교사가 될 것인지 〈교사상〉을 준비해보는 것도 도움이 된다.

💬 청주교육대학교 초등교육학과 이은주 교수의 인터뷰

Q 교수님께서 이 학과(전공)를 선택하시게 된 동기는 무엇이었나요?

A 고등학교 졸업할 때 교사가 되고 싶었어요. 그래서 사범대학에 진학해 교
육학과를 선택했지요. 그런데 제가 대학교를 입학한 후에 교사 자격증 제
도가 조금 불안정했어요. 처음에 입학할 때는 교육학과를 졸업하면 윤리
교사 자격증을 준다고 했는데, 이게 바뀌어서 졸업할 때 교육학교사 자격
증이 나오더라고요. 그런데 중고등학교에 교육학 과목이 없다 보니까 교사
가 될 수 없었어요. 교사의 꿈이 좌절되면서 공부를 계속하게 되었습니다.

Q 어떤 분야에 관심을 갖고 있는 사람들이 이 학과에 입학하면 좋은가요?

A 당연히 교육, 인문 등 사람의 삶에 대한 분야에 관심을 갖고 있는 사람들이 입학하면 좋을 것 같아요.

Q 이 학과에 입학하면 가장 중요한 공부는 어떤 내용인가요?

A 자기 성찰을 이끄는 인문학, 가령 문학이나 예술 같은 공부가 중요합니다. 그리고 교육에 대해서 약간 비판적 성찰을 할 수 있는 교육학 이론, 학생들을 가르치는 교과내용 및 교육방법과 관련된 공부입니다.

Q 이 학과의 공부를 잘하려면 중고등학교 때 특히 어떤 교과목을 공부하면 좋을까요?

A 언어와 사회 과목이 도움이 많이 돼요. 시험을 잘 봐서 성적을 잘 받으려면 글쓰기 공부가 도움이 되고요. 또 과학 분야나 수학을 잘하는 학생들이 유리할 때도 있습니다. 왜냐하면 이과 과목은 필수적으로 공부를 해야 되는데 기초가 없는 학생들이 많거든요. 그런 과목에 자신 있다면 유리한 점이 있습니다.

Q 이 학과의 장점을 말씀해 주세요.

A 초등교육학과는 교육대학밖에 없어요. 그래서 진로가 분명합니다. 졸업 후 초등교사가 되는 것이고, 초등교사가 되면 사람을 변화시키는 일을 하게 되어 직업 만족감이 굉장히 높아요. 목표도 분명한 게 장점 같습니다.

Q 학과에서 공부를 하는 학생들이 겪는 어려움은 어떤 점이 있나요?

A 비교적 진로가 분명한 장점이 있지만, 적성에 맞지 않으면 학교 내에서 선

택을 바꾸는 것이 어렵습니다. 전국에 오직 13개의 대학에서만 초등교사를 양성하고, 대부분 교육대학에서 초등교사를 양성합니다. 교육대학은 규모가 작아서 학생들이 서로에 대해 너무 잘 알아 익명이 보장되지 않아요. 어떤 학생들은 이걸 어려워합니다. 또 다른 분야에 호기심이 많은 학생들은 너무 진로가 분명하니까 조금 답답해하는 경우도 있습니다.

Q 학과 졸업생들이 가장 많이 진출하는 직업 분야는 어느 곳인가요?

A 당연히 초등교사가 되는 것입니다. 간혹 계속 공부해서 대학 교수가 되는 사람들도 있고, 교육방송 같은 곳에서 교육과 관련된 프로그램을 만드는 PD를 지원하는 경우도 있어요.

Q 학과의 전망은 어떻게 보십니까?

A 초등교사는 무척 중요한 직업이고, 현재와 미래에도 아이들을 위한 교육은 우선순위라 생각하므로 전망은 나쁘지 않다고 생각합니다.

Q 지금은 없지만 앞으로 새로 생기게 될 직업은 어떤 것들이 있을까요? 혹은 최근에 새롭게 생겨난 직업들이 있습니까?

A 이 질문은 참 어렵더라고요. 제가 생각할 때는 앞으로는 혼자 사는 사람들이 많아 그들의 죽음과 관련된 직업들이 좀 더 전문화될 것 같습니다. 물론 지금도 호스피스들이 있기는 하지만 그것보다 좀 더 세분화되고 전문화될 것 같다는 생각이에요. 우리 분야에서는 일은 같지만 현장이 달라져서 이와 관련된 직업들이 많이 생겨날 것 같습니다. 학교 밖에서 가르치는 직업이 많이 생겨날 것 같아요. '새롭다'라고 표현하기는 힘들지만 새로운 수요들이 창출되고 있는 것 같습니다.

Ⓠ 이 학과를 전공하려는 학생이 진학 전에 미리 준비해야 할 내용이 있다면 무엇입니까?

Ⓐ 일단 자신이 다양한 사람의 삶에 대해서 어느 정도 관심이 있는지를 살펴봐야 합니다. 그리고 가르치는 일을 좋아하는지, 다른 사람을 변화시키는 것에 대한 책임감을 느끼고 즐기는 사람인지 생각해야 합니다. 또한 인간관계를 맺는 것에 대해서 스트레스를 안 받는 사람인지 이런 것들을 중요하게 봐야 될 것 같아요.

Ⓠ 이 학과를 지망하는 중고등학생들에게 마지막으로 한마디 해주세요.

Ⓐ 교사는 직업 이상의 가치 있는 일을 수행하는 사람이라는 생각을 가진 학생들이 지원했으면 좋겠어요. 그래서 안정된 직업을 찾으려고 초등교육학과를 지망하는 학생들에게는 이 길을 만류하고 싶어요. 다른 사람의 삶을 변화시키는 것에 대해서 관심을 많이 가지고, 그런 것을 추구하고 싶은 학생들이 오면 좋을 것 같습니다.

출처 : 커리어넷 진로인터뷰

계열별
핵심 키워드

핵심 키워드로 알아보는 초등교육학

Q 멀티미디어를 활용한 교육이 학습자들에게 도움이 되나요?

A 초등학교 입학 전부터 멀티미디어 노출과 사용이 편리한 시대가 되었습니다. 이들을 '디지털 원주민'이라고 부르기도 하지요. 이는 자신이 원하는 분야의 지식과 정보를 습득하길 원하지만 동기가 부여되지 않으면 학습을 시작하지 않는 경향을 보입니다. 책보다는 멀티미디어를 통해 시청각 정보를 얻고자 하는 특징이 있습니다. 그래서 초등교육 현장에서 흥미를 유발하며 게임처럼 즐기고 느끼고 배울 수 있는 교육이 필요합니다. 따라서 멀티미디어는 앞으로 수업에서 많은 역할을 차지할 것입니다.

Q 최근 서울 최초 신입생 전원이 다문화 학생인 초등학교가 생길 만큼 다문화 학생이 많다던데 정말인가요?

A 다문화 학생이 빠르게 증가하고 있습니다. 국제결혼가정이 대부분을 차지

하고 있습니다. 일부 초등학교는 다문화교육 중점학교로 운영되고 있고, 관련 프로그램이 계속해서 개발되고 있습니다. 다문화 교육 주간을 따로 준비해 놀이 중심으로 다문화 체험활동과 세계 시민교육 등을 운영합니다. 또는 세계 10개국에서 온 외국인들이 참가해 국적 맞추기 게임, 평화를 상징하는 역할극 관람하기 등 세계 평화의 의미를 되새기는 수업을 하는 초등학교도 있습니다. 이중 언어 말하기 페스티벌을 개최해 다문화 학생들의 꿈과 끼를 살릴 수 있는 프로그램을 운영하기도 합니다.

경인교육대학교

Q 인공지능 AI 융합교육을 경인교대에서 배울 수 있나요?

A 국내 5개 대학-경인교대, 성균관대, 인하대, 이화여대, 한국교원대-에서 '인공지능(AI) 융합교육' 전공 과정을 개설했습니다. AI 전문성을 갖춘 교사를 양성하기 위해 경인교대 교육전문대학원은 연구계획서와 자기소개서 등 서류심사와 면접을 거쳐 선발하고 있습니다. 대학원에서는 인공지능, 빅데이터, 소프트웨어 중심으로 교육하며 석사 취득 후 교육 현장에서 인공지능을 활용한 융합 수업을 할 수 있도록 교육과정이 준비되어 있습니다.

서울교육대학교

Q 교실 속 디지털 트랜스포메이션 환경을 조성할 수 있나요?

A 서울교대는 마이크로소프트에서 개발한 '마인크래프트 : 교육용 에디션'(학생들이 자신만의 세계를 블록으로 쌓아 만듦)으로 역사, 화학, 외국어, 음악 등 다양한 상황에 활용이 가능해 새로운 교육 도구로 교원들의 디지털 역

량을 높이고 있습니다. 소프트웨어 선도 교육과 클라우드 환경 조성을 통해 디지털 트랜스포메이션을 달성하고자 노력하고 있습니다. 향후 서울교대는 전 세계 7,500여 명의 교육자들이 참신한 교육법을 공유하는 '마이크로소프트 혁신 교사(Microsoft Innovative Educator Expert, MIEE)' 프로그램과 혁신 교육 기관을 이어주는 글로벌 네트워크 프로그램 '마이크로소프트 쇼케이스 스쿨(Microsoft Showcase School)' 등에도 참여할 계획입니다.

➡ 춘천교육대학교

Q 강원도 지역 작은 학교들에서도 SW교육을 받을 수 있나요?

A 2015 개정교육과정으로 2019년부터 초등학교 5학년과 6학년 대상으로 소프트웨어 교육이 시작되었습니다. 예비교사들의 소프트웨어 교육 역량 강화를 위해 교육부에서 'SWEET 사업'이라 불리는 '교원양성대학 소프트웨어 교육 강화 지원 사업(SoftWare Education for all Elementary Teachers)'을 시행 중입니다. 춘천교육대학교에서는 '작은 학교 SW 교실'을 운영해 강원 지역의 소규모 학교를 방문했습니다. 비봇을 활용한 문제해결, Hour of Code의 게임을 통한 문제 해결, Makey Makey를 활용한 피지컬 컴퓨팅 등과 같은 활동 중심의 수업으로 교육을 진행했습니다.

➡ 대구교육대학교

Q 대구·경북 지역에서 유일한 초등교사 양성기관인 대구교육대학교는 예비 교사들의 컴퓨팅 사고력을 위해서 어떤 수업을 하나요?

A 4차 산업혁명 시대를 살아갈 학생들을 가르쳐야 하는 예비교사들에게 이

제 '초등컴퓨터교육론'은 필수입니다. 예를 들어 교육용 프로그래밍 언어 '엔트리(entry)'와 햄스터 로봇을 가지고 문제 분석과 알고리즘 설계를 통해 수업과 SW교육 캠프 설계 등을 배웁니다. 다른 교과와 연계한 교육 모델은 계속해서 연구되고 있습니다.

➔ 광주교육대학교

Q 최근 광주교육대학교는 광주과학기술원(GIST)하고 지역 AI융합인재를 양성하기 위한 교육을 하고 있다는데 어떤 수업인가요?

A 네, 광주교대 재학생 3, 4학년을 대상으로 광주과학기술원(GIST)의 AI 수업을 자유롭게 수강할 수 있도록 상호협약을 체결했습니다. 교대 졸업 후 광주과학기술원(GIST) 대학원에 입학할 경우 수강과목으로 인정되어 학점에도 반영됩니다. 2020년 3월에 개원하는 AI대학원은 향후 10년간 정부로부터 최대 190억 원 지원을 받아 AI 혁신인재 양성과 AI산업의 메카가 될 수 있습니다. 앞으로 AI 연구 및 교육 분야의 경쟁력 있는 인재 배출을 위해 학술자료, 학생 상호교류 및 학점 인정, 공동연구와 학술회 공동개최 등을 협력하기로 했습니다.

계열별 연계 도서와
동영상을 추천해주세요

초등교육학을 위한 추천도서와 동영상

💬 추천도서

도서명	지은이	출판사
에밀	장 자크 루소	돋을새김
10대를 위한 자존감 수업	이형준	하늘아래
최고의 교육	로베르타 골린코프 외	예문아카이브
교실 속 갈등상황 100문 100답	이상대(책임기획)	우리교육
질문이 있는 교실	하브루타수업연구회	경향비피
훌륭한 교사는 무엇이 다른가	토드 휘태커	지식의날개(방송대출판문화원)
교사와 학생 사이	하임 G.기너트	양철북

💬 초등교육학과 K-MOOC 추천 동영상

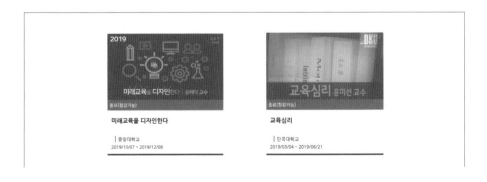

미래교육을 디자인한다

| 중앙대학교
2019/10/07 ~ 2019/12/08

교육심리

| 단국대학교
2019/03/04 ~ 2019/06/21

영재교육과 창의성 계발

종료(청강가능)

영재교육과 창의성 계발

박창언 외 | 부산대학교
2019/09/02 ~ 2019/12/07

아동의 신비한 언어습득력

진행중

아동의 신비한 언어습득력: 이중언어
아동

임동선 | 이화여자대학교
2020/03/02 ~ 2020/06/14

초등교육학과 KOCW 추천 동영상

초등영어교육론 ▶

대구교육대학교 | 양재석 | 2017년 2학기

초등 영어교육의 기본적 이론지식과 다양한 접근법을 이해하고, 실제 초등교육과정에서 어떻게 적용되는 지를 탐구함으로써, 초등영어교사로서 영어교육 현장에서 요구되는 기본적 능력 함양하는데 목적을 두고 있다.

🔲 차시보기 | 🗂 강의담기

초등 사회과 교육학 연구 ▶

춘천교육대학교 | 김왕근 | 2011년 1학기

사회과 교육의 본질과 성격에 관한 여러 목소리를 사회 인식론적 관점에서 해석하고, 이를 토대로 사회과 교육의 목적, 내용(지식), 학습관 등에 대한 자신의 앎을 구성하는 경험을 제공한다. 아울러 최근의 사회과 교육에 관한 쟁...

🔲 차시보기 | 🗂 강의담기

초등교육과 교사 ▶

광주교육대학교 | 고재천 | 2013년 2학기

초등교육의 기본 개념과 원리를 이해하는 교과이다.

🔲 차시보기 | 🗂 강의담기

초등체육교육 1 ✏

춘천교육대학교 | 배성제 | 2011년 1학기

체육교육학의 영역 중 운동의 과학적 원리, 체육과 교육과정, 체육과 교수 학습의 원리를 이해하여 초등학교 교사로서의 능력을 기른다.

🔲 차시보기 | 🗂 강의담기

초등안전교육 ▶

서울교육대학교 | 이상원 | 2019년 1학기

교육부에서 발표한 '안전교육 7대 표준안'을 중심으로 기존 각 기관에서 발행한 각 분야 안전교육 관련 자료들을 참고하여 "초등안전교육"과정을 개설하였다.본 과정은 안전에 대한 의식을 고취하고, 일상생활과 학교생활 중 일어날 ...

🔲 차시보기 | 🗂 강의담기

예비 초등교사를 위한 엑셀 ▶

청주교육대학교 | 안창모 | 2017년 2학기

예비 초등교사들이 초등학교 현장에서 활용할 수 있는 엑셀의 기본 사용법을 다룬다.

차시보기 | 강의담기

초등도덕교육론 ▶

대구교육대학교 | 최신일 | 2017년 2학기

도덕교육의 역사적, 철학적의 배경과 도덕과 교육과정의 변천과정(2009개정, 2015개정)을 통해서 인성교육의 주관 및 핵심교과로서의 도덕 교육의 이론적 토대를 구축하고 이를 바탕으로 도덕과 교육의 목표를 설정하며, 그 목표...

차시보기 | 강의담기

초등과학교육론 ✎

춘천교육대학교 | 윤혜경 | 2012년 1학기

초등학교 과학 학습과 지도에 대한 이론적 기초를 제공하기 위한 교과목이다. 과학의 본성, 과학교육의 목적, 과학 학습 이론, 과학 수업 모형, 과학 학습 평가 등 일반적인 이론 뿐 아니라 구체적인 수업 방법 예시, 실험 안전...

차시보기 | 강의담기

초등영어교육 ▶

대구교육대학교 | 이연준 | 2018년 2학기

초등교육을 준비하는 예비교사, 학부모 그리고 관심있는 모든 분들에게 다양한 언어와 문화를 연결시켜 영어를 보다 쉽고 흥미롭게 배울 수 있는 강좌.

차시보기 | 강의담기

초등영어교육1 ▶

춘천교육대학교 | 이승복 | 2010년 2학기

본 강좌는 한국의 영어교육환경에서 외국어로서 영어를 효과적으로 지도 할 수 있는 근본원리를 교사의 입장에서 심도있게 다루는데 목적이 있다.

차시보기 | 강의담기

교육이란 인간 형성의 과정이다. 인간은 교육을 통하여 바람직한 인격을 형성하고 행복을 영위한다.
교육학과는 이러한 교육 현상들에 대해 과학적으로 탐구하고 다양한 분야에서
응용 가능한 교육의 기초 학문을 학습하는 학과이다. 그렇기 때문에 흔히 '교육학과'라고 하면
교사라는 직업만을 떠올리는 것과는 달리 다양한 분야로 진출할 수 있다.

PART 3

사범대
진로 사용설명서

대학에 들어가서
수강하는 과목

Q 교육계열에는 다양한 과가 있다는 걸 알고 있어요. 유아교육, 초등교육, 중등교육으로 나누어지는 것은 알고 있는데 국어교육과는 세부 전공인가요?

A 교육계열에서 유아교육, 초등교육, 중등교육으로 나누어지는 것은 맞습니다. 하지만 유아교육과, 초등교육과는 있지만 중등교육과는 없습니다. 초등학교에는 선생님이 국어, 수학, 통합을 가르치시지만 중학교는 선생님이 과목마다 있죠? 그것과 같은 의미입니다. 중학교 선생님 중에서 국어 선생님은 국어교육과, 수학선생님은 수학교육과를 나오게 됩니다.

Q 국어교육과를 졸업해야만 국어교사가 될 수 있는 건가요?

A 보통은 국어교육과로 진학하면 중등학교 교사를 할 수 있습니다. 그러나 꼭 국어교육과로 진학해야만 국어교사가 될 수 있는 건 아닙니다. 국어국문학과 인문계열로 진학하여 교직이수를 하는 방법도 있지만, 대학마다 차이가 있으니 관심 대학에서 교직이수 개설 여부를 확인해야 합니다.

Q 중학교 국어 선생님은 국어교육과를 나오면 고등학교 국어 선생님은 어떻게 될 수 있는 거예요?

A 국어교육과를 나오면 국어 정교사자격증 2급이 나옵니다. 중학교와 고등학교 선생님으로 갈 수 있습니다.

Q 그러면 대학교만 졸업하면 중학교나 고등학교 선생님이 될 수 있나요?

A 국어교육과를 나온다고 해서 바로 선생님이 될 수 있는 건 아닙니다. 국립학교에 가려면 임용고시라는 시험에 합격해야 국립학교 국어 선생님으로 갈 수 있습니다. 사립중고등학교의 경우에도 임용고시와 비슷한 시험을 치르고 합격해야 임용됩니다.

Q 그럼 임용고시는 대학교 1학년 때부터 응시할 수 있나요?

A 아닙니다. 임용고시는 대학교를 졸업했거나 대학교 졸업 예정자의 경우 응시할 수 있고 원서 접수 시 지역을 선택해야 합니다. 그리고 임용고시에 응시하기 전에 갖추어야 할 자격이 있습니다.

Q 임용고시 응시 전에 갖추어야 하는 자격이 무엇인가요?

A 네! 한국사 자격증이 필요합니다. 한국사검정능력시험을 치러야 응시할 수 있습니다. 사립의 경우도 마찬가지입니다. 한국사검정능력시험은 자격증을 한 번 취득하면 끝이 아니라 합격 후 5년만 유지할 수 있습니다. 5년 후에는 다시 취득해야 합니다. 그래서 보통 3학년이나 4학년 학기 초반에 한국사 자격증을 많이 따는 편입니다.

교육학에서 수강하는 대표 과목은?

Q 교육학과는 어떤 학과인가요?

A 교육의 본질, 목적, 내용, 방법, 제도, 행정 등 교사와 학습자 간에 일어나는 교수·학습 활동에 관한 현상을 다루는 학과입니다. 대상의 교육단계와

특성에 한정되지 않고 포괄적인 교육 현상을 다룬다는 점에서 유아교육, 특수교육, 초등교육 분야로 구분됩니다. 특정 교과를 대상으로 하지 않는다는 점에서 교과 교육학과로 구별됩니다.

Q 교육학과와 관련된 과가 많은가요?

A 네. 관련 학과로는 교육학과, 교육공학과, 교육심리학과, 평생교육학과가 있습니다.

Q 저는 친구들이나 동생이 모르는 문제를 알려줄 때 기분이 너무 좋아요. 그래서 선생님이 너무 되고 싶습니다. 그런데 학교에서 여러 명을 가르치는 건 힘들기도 할 것 같고 아직 잘 모르겠어요. 그런데도 진학이 가능할까요?

A 네. 누군가를 가르치고 지도하는 것에 흥미가 있군요. 그것만으로도 충분합니다. 또한 장차 교사로서 학생에 대한 애정, 교육의 열정, 정직성, 리더십을 갖추고 있으면 더 좋죠. 교육 문제, 청소년 문제에 관심이 있어도 잘 맞습니다. 또한 교육학은 종합적인 학문의 성격을 가지므로, 사회과학 전반에 대한 폭넓은 이해가 필요합니다.

Q 교육학과에 진학하면 어떤 과목을 배우나요?

A 교육학과는 교육학과, 교육공학과, 교육심리학과 등으로 구분할 수 있고 4년제 대학에 개설되어 있습니다.

교육학과 입문과목으로는 교육학입문, 교육철학, 한국교육사, 교육행정학, 교육사회학, 교육심리학이 있으며 전공과목으로는 교육사, 교육철학, 교육심리학, 교육사회학, 교육과정, 교육공학, 교육행정, 교육평가, 평생교육론이 있습니다.

교육공학과에서는 효율적인 학습 및 교수 방법을 개발하고 학습 환경을 과학적으로 연구·개발하여 교육 환경에 실제로 적용합니다.

➡ 한양대학교의 교육학과 학과소개

교육이란 인간 형성의 과정이다. 인간은 교육을 통하여 바람직한 인격을 형성하고 행복을 영위한다. 교육학과는 이러한 교육 현상들에 대해 과학적으로 탐구하고 다양한 분야에서 응용 가능한 교육의 기초 학문을 학습하는 학과이다. 그렇기 때문에 흔히 '교육학과'라고 하면 교사라는 직업만을 떠올리는 것과는 달리 다양한 분야로 진출할 수 있다. 교육학과의 목표는 교육에 대한 학문적 이해를 바탕으로 광범위한 교육 실천을 위한 효과적인 기술과 방법을 연마하는 것이다.

따라서 발달과정에 맞는 교육과정과 평가 방법을 배워 실제로 교육 지도안을 짜보는 활동을 해보기도 하고, 교육심리학자의 이론을 바탕으로 영화나 소설, 만화에 등장하는 현상들을 분석하기도 한다. 또한 현 교육이슈에 대한 토론이나 교육철학 등의 수업을 통해 자신만의 교육관을 정립하게 된다. 교육학과 학생들은 졸업하기 전 필수적으로 60시간의 교육봉사 시간을 갖는다. 이를 통해 미래 교육인으로서 예비 경험을 쌓을 수 있을 뿐 아니라 이론과 실천을 동시에 추구해 보는 기회를 가질 수 있다.

💬 특장점

4년간 교수와 함께하는 그룹 멘토링, 지도교수제도 실시
한양대학교 교육학과는 4년간 지도 교수제를 실시하고 있다. 관심 분야의 교수를 멘토로 지정하여 비슷한 관심사를 가진 학우와 함께 그룹 멘토링을 진행하는데, 이는 진로의 구체화와 방향 설정에 많은 도움이 된다.

우수한 교수활동 뒷받침

한양대학교 사범대학 부속 중·고등학교는 물론 한양 공업고등학교가 있어 사범대학 필수졸업 요건인 교육봉사활동 및 교육실습에 좋다. 실습학교를 찾아야 하는 번거로움이 없고 다양한 교육 경험을 얻을 수 있기 때문이다.

5개의 부설·연구기관 보유

교육사, 철학, 교육과정, 교육행정, 교육사회학, 교육심리 등의 분야에서 활발히 연구하고 있다. 교육 문제들을 심층적으로 연구 분석하는 교육문제연구소, 다양한 분야에 대한 혁신적인 교육 프로그램 설계 및 개발에 주력해온 교육공학연구소, 상담에 관한 기초연구를 통하여 효율적인 상담기법을 개발하는 학생생활상담연구소, 일반인을 위한 교양교육 프로그램과 전문 직업인으로서의 자질 향상을 위한 프로그램 등을 운영하는 사회교육원, 중·고교 교육의 발전에 도움을 주는 중·고등교육연수원이 있어, 교육에 관한 심도 있는 학습이 가능하다.

➡ 한양대학교의 교육공학과 학과소개

교육공학과는 교육 본질만을 깊이 연구한다기보다 '학습효과를 극대화할 수 있는 교육 방법, 교육 매체, 이론 등을 연구하는 학문'이다. 이 때문에 효율을 중요시하는 공학의 특성을 교육과 결합하여 더욱 높은 교육 효율과 효과를 얻는 방법을 연구한다. 하지만 공학의 특성을 이용한다고 해서 단순히 첨단 기술만을 도입하는 것은 아니다. 교육과 관련된 심리학, 경영학이나 커뮤니케이션 이론 등 교육과 관련된 다양한 타 학문 분야의 지식을 융합하여 교육효과를 최대화하고 있다. 교육공학을 이해하는 데 도움을 줄 만한 예로 e-learning, smart learning, 유비쿼터스 러닝, 교수법, 교수설계 등이 있다. 종합하자면 교육을 빨리 많은 사람에게 얼마나 효과적이고 효율적으로 할 수 있는가에 관하여 연구하며, 교육 커리큘럼 계획과 교육 방법, 교수 매체 개발 등 다양한 일을 한다. 교육공학 학문은 미국이 강세를 보이며, 최근 e-learning 시장은 영미권 외에도 아시아 지역에서도 주목받고 있다. 최근에는 홀로그램 교수를 도입하여 먼 곳에서도 동시 수업이 가능한 기술을 개발하여, 목포해양대 학생들에게 실시간으로 교육을 제공할 수 있도록 협력하고 있다.

💬 특장점

기업 현장에서 다양한 경력을 가진 교수들의 우수한 강의력

유영만 교수는 '지식 생태학자'로 자신을 소개하며 많은 학생이 꿈에 다가갈 수 있도록 TV출연과 강연, 88권이 넘는 책을 집필하면서 지식의 씨앗을 뿌리고 있다.

송영수 교수는 HRD와 교수설계에 강점을 가지고, E-learning 프로그램인 'HELP'과정을 만들어 미래 교육에 앞장서고 있다.

김동식 교수는 차세대 E-learning연구개발을 통해 미디어를 활용한 다양한 교육을 연구해, 미국교육공학회에서 발행하는 교육공학연구개발지 편집위원으로 활동할 정도로 전문성을 인정받았다.

전공시간 외에도 학문의 영역을 넓힐 수 있는 활발한 학회 활동

한양대학교 교육공학과는 교육공학연구회, 미디어 학회, HRD 학회로 나누어져 있다. 각자 원하는 학회에 참여하여 매년 한양대학교 교육공학 전시회에 작품을 전시하게 된다. 교육공학연구회는 교육공학의 전반적인 학술적 내용을 학습하며, 미디어 학회는 미디어와 관련된 영상 제작 등을 배우는 시간을 갖는다. 또한 HRD학회는 HRD라고 하는 인적자원개발에 대해 학습한다. 매주 혹은 매달 학회 프로그램을 통해 학우들과 함께 성장할 기회를 가지며, 직접 무언가를 산출해낸다는 뜻깊은 활동을 하고 있다.

출처 : 한양대학교 학과 소개

유아교육학에서 수강하는 대표 과목은?

Q 유아교육학과는 어떤 학과인가요?

A 유아 교육 및 양육에 관한 전반적인 지식과 교양을 겸비한 유능하고 교육 경쟁력을 갖춘 유아교사 양성에 교육목표를 두고 있는 학과입니다.

Q 유아교육학과와 관련된 과가 많은가요?

A 네. 유아교육학과 외에도 영유아보육과, 아동미술교육과, 컴퓨터보육과, 보육학과가 있습니다.

Q 제가 유아를 좋아해요. 유아교육학과에 유아를 좋아하는 마음 하나로 진학해도 괜찮을까요?

A 네. 아이를 좋아하는 마음도 진학에 동기부여가 되죠. 좋아하는 마음으로 아이들의 입장을 이해하려는 자세도 중요합니다.

Q 유아교육학과에 진학하면 어떤 과목을 배우나요?

A 유아교육학과에 진학하면 기초과목인 영유아발달, 아동복지, 유아교육개론, 유아동작교육, 인지이론과 교육, 유아교육사상사 등을 배웁니다. 그런 다음 심화과목 유아연구방법, 유아교육매체, 유아상담과 지도 영유아프로그램, 유아관찰 및 평가, 유사교사론, 유아교육실습, 보육실습 등을 배웁니다.

Q 어떤 과목을 배우는지 알게 되었는데 이름만 봐서는 잘 모르겠어요. 자세히 설명해 주실 수 있나요?

➡ 보육(영유아) 교육과정

영유아를 위한 교과 과정 구성의 기본적인 이론을 탐구한다. 영유아의 연령과 지역 사회 특성에 맞는 교육 과정을 구성해보고 언어, 수학, 사회, 과학, 예능 등의 교육 내용 및 자료들이 교육 과정 속에서 통합적으로 다루어지도록 계획할 수 있는 능력을 기른다.

➡ 아동(영유아) 안전관리

영·유아에게 있어서 호기심과 탐구심의 충족만큼 필수적인 것 중 하나가 영·유아에 대한 교사와 부모의 안전 교육이다. 영·유아 스스로 안전에 대한 의식을 고취하고 실제로 생활하는 데 필요한 다양한 안전 교육 기술을 습득하도록 한다.

➡ 영유아 놀이지도

놀이 이론을 고찰함으로써 놀이의 가치와 중요성을 인식시키고 영·유아교육에서 놀이 활동을 촉진하기 위한 물리적·사회적 환경에 대하여 논의한다. 실제로 영·유아의 발달을 고려한 놀이를 구성하여 제시할 수 있는 능력을 기른다.

➡ 유아다문화이해

21세기 다문화 경쟁 시대에 대비하여 우리나라 민족 문화의 정체성을 확립한다. 또, 세계 여러 나라의 문화를 이해하여 영·유아 교육 현장에 효율적으로 적용할 수 있도록 돕는다.

➡ 유아외국어교육

영·유아를 세계 시민으로 기르고 지구촌 시대에 잘 적응할 수 있는 인재로 육성하기 위하여, 모국어 이외에 다양한 외국어 이론과 실제를 통해 구체적으로 접할 기회를 제공하는 방안을 연구한다.

➡ 유아교육론

유아교육을 철학적, 심리사회적 기초 이론에서 접근한 사상적 배경과 유아교육의 개념, 정의, 성격 및 목적, 중요성, 특수성을 이해한다. 우리나라 유아교육의 현실을 파악하고 문제를 제기하며, 그에 대한 다양한 유아교육 프로그램 유형을 고찰하고 이론과 실제에 대한 기초 지식을 갖도록 배운다.

➡ 유아생활지도

한국 전통 예절 문화와 차 문화 교육을 통해 올바른 가치관 확립과 현대인에게 필요한 전반적인 생활 예절 습득을 돕는다. 또한 심화 및 자기 계발을 위한 전통 예절, 생활 예절, 다도 등의 이론과 실제를 통해 예절 지도사로서의 능력을 키운다.

➜ 영유아발달과 교육

영·유아의 발달에 대한 이해와 지식이 유아교육의 기초임을 인식하고, 영·유아 발달에 따른 주요 심리학적 이론을 배운다. 각 발달 단계와 발달 영역에 따른 유아의 특징을 지각과 인지발달, 도덕성 발달, 사회 정서적 발달, 언어발달, 신체운동발달의 측면에서 살펴본다. 정상적인 유아 발달을 교육적·생태학적 측면에서 배운다.

Q 유아교육학과에 관련된 자격증이 있을까요?

A 유아교육학과에서 취득할 수 있는 자격증은 두 가지로 나뉘어요. 첫 번째는 국가자격인데 국가 자격에는 유치원정교사, 미술실기교사, 보육교사, 사회복지사 등이 이에 속합니다. 두 번째로는 민간자격증으로 방과후아동지도사, 미술심리치료사, 구연동화지도사, 상담심리사, 놀이치료사, 예절지도사, 아동지도사, 유아체육지도사 등 다양한 자격증이 있습니다.

특수교육학에서 수강하는 대표 과목은?

Q 특수 교육학과는 어떤 학과인가요?

A 특수교육학과는 지적 기능, 사회적 기술, 의사소통, 감각기능 또는 신체 기능 중에서 한 가지 이상 결함이 있어 사회활동에 어려움이 있는 아동과 학생들을 위해 존재합니다. 특별한 방법과 서비스로 교육해 사회구성원으로 자리매김할 방법을 연구하는 학과입니다.

Q 특수 교육학과와 비슷한 학과가 존재할까요?

A 네. 특수교육과, 유아특수교육과, 초등특수교육과, 중등특수교육과, 언어치료학과가 대표적입니다.

Q 특수교육학과에 진학하려면 어떠한 흥미를 가져야 하나요?

A 장애아에 대한 사랑과 투철한 소명 의식이 중요하고 봉사와 희생정신 그리고 교육자적 자질과 사명감이 필요해요. 또한 어떠한 상황에서도 침착하게 자기통제를 하는 능력과 인내심이 필요합니다.

Q 특수교육학과에 진학하면 어떤 과목들로 구성되어 있나요??

A 학생 지도에 필요한 교육학 이론을 공부하며 학생의 장애 영역에 따라 적합한 교육을 제공하기 위해 세부 교육내용을 학습합니다. 대부분 4년제 대학교의 사범대학에 개설되어 있으며, 학교에 따라 특수교육과 내에서 유아특수교육, 초등특수교육, 중등특수교육 등으로 나뉩니다. 기초과목으로는 교육학개론, 생리학개론, 심리학개론, 사회복지학개론, 언어발달과 지도, 교육사회학, 교육심리학이 있고 심화과목은 시각장애아교육, 정신지체아교육, 특수교육과 철학, 학습장애아교육, 정서장애아교육, 물리·작업치료, 중증중복장애아교육 과목이 있습니다. 유아특수교육과의 기초 과목은 특수교육개론, 유아특수교육개론, 영유아발달, 장애아행동지원 및 중재가 있습니다. 심화과목으로는 장애유아과학교육, 지체장애유아교육, 정서·행동장애유아교육, 장애아심리, 시각장애유아교육, 장애유아응용행동분석 등을 배웁니다.

언어치료학과는 의사소통과정에서 어려움을 겪는 사람들의 문제를 파악하고 진단과 치료 과정을 연구하는 학문입니다. 복지관, 치료실, 어린이집,

병원, 학교 등 다양한 곳에서의 실습을 통해 언어치료 전문가 및 언어치료사를 양성하는 것이 목표입니다. 기초과목으로는 언어병리학개론, 재활학개론, 청각학개론, 발달심리학, 언어발달, 언어치료연구방법 및 통계 심화과목에는 언어장애진단 및 평가, 언어진단훈련, 보안대체의사소통, 학습장애 언어치료, 대뇌생리학, 신경언어장애, 실험음성학, 청각장애 언어치료가 있습니다.

Q 어떤 과목을 배우는지 알게 되었는데 이름만 봐서는 잘 모르겠어요. 자세히 설명해 주실 수 있나요?

➔ 정신지체 장애아 교육

정신지체를 지닌 아동의 정의, 분류, 평가, 교육 등에 대해 살펴보고, 이러한 아동의 잠재력을 개발할 수 있는 교육 프로그램의 개발과 적용에 대해 배운다.

➔ 유아특수교육학

장애가 있거나 발달이 지체된 유아들을 대상으로 하는 조기교육의 의의, 배경, 목적 등을 고찰하고 유아특수교육의 제반 이론을 배운다.

➔ 상담 및 심리치료

인간의 심리사회적 발달과 그 특성을 이해하고 가정, 학교, 사회생활에서 최선의 적응을 돕기 위한 다양한 심리치료 및 상담 기법을 익힌다. 이를 통해 상담 조력을 할 수 있는 기본능력에 대해서 배운다.

➜ 특수교육학

특수교육의 철학적·역사적 배경을 개관하고 그 패러다임의 변천을 살펴본다. 대상 아동의 정의와 발달 특성을 파악하고 적절한 교육 방법에 대해 배운다.

➜ 특수학급 운영

특수학급의 특성, 일반학급과의 관계 등 제반 교육 환경을 이해하고 교육의 효과를 극대화하기 위한 물리적, 심리적 환경 구성, 교육과정의 수정 및 효과적인 학급 운영에 대한 실질적인 방안들에 대해서 배운다.

➜ 특수학교 교육과정론

특수교육 대상자들이 학습하는 표준적이고 보편적인 내용을 국가 수준에서 규정한 특수학교 교육과정에 대하여 편성과 운영 방법의 전반적인 사항 및 기본 교육과정을 중심으로 하는 교과의 각론을 배운다.

➜ 장애학생통합교육론

특수교사들이 교육의 주요 내용(예: 정의, 지원체계, 협력적 접근, 최근의 이슈와 동향, 평가체계, 교수적합화의 개념적 이해, 교수-학습전략, 사회적응지도, 장애특성별 통합교육, 통합교육의 주요 과제) 등을 이해하고 이를 실제 교육 현장에 적용하는 방법에 대해 배운다.

➜ 특수교육공학

학습심리학과 컴퓨터 공학의 원리를 활용하여 특수교육에서 활용될 수 있는 매체를 제작하는 원리와 활용 방식을 배운다.

→ 사회복지학개론

사회구성원들이 기본 욕구를 충족시킬 수 있도록 도움을 제공하는 사회복지 개념을 이해하고, 이를 대상자에게 적용함으로써 대상자의 삶의 질을 향상시키는 능력을 배운다.

Q 특수교육학과에 관련된 자격증이 있을까요?

A 네. 특수교육학과를 졸업하면 특수학교 2급 정교사 자격증을 획득합니다. 자신이 전공한 과에 따라 유아특수, 초등특수, 중등특수로 구분됩니다. 또 민간자격으로는 언어치료사, 청각치료사 등이 있습니다.

수학교육학에서 수강하는 대표 과목은?

Q 수학교육학과는 어떤 학과인가요?

A 수학교육은 수학, 수학교육학, 교육학 등이 있습니다. 기본적으로 '수학'이라는 학문을 배우는 것은 유사하지만 수학교육은 교육에 관한 면을 다룬다는 점에서 차이가 있습니다. 수학교육과는 우수한 중등교사 및 고급연구인력의 양성을 위해 수학 교사가 갖추어야 할 이론과 실습 능력을 배양하는 학과입니다. 수학교육학과에서는 '교육'에 관련하여서 수학교과 교육론부터 시작하여 기하학 교수이론과 지도, 교사를 위한 이산수학, 수학교과 교재연구 및 지도법 등의 전공을 통해 수학을 잘 지도할 방법을 배웁니다.

Q 수학교육학과와 관련된 과가 많을까요?

A 아뇨. 수학교육학과는 수학교육학과라는 명칭을 많이 사용하고 있습니다.

Q 수학교육학과에 진학하려면 어떠한 흥미를 가져야 하나요?

A 일단 수학에 흥미를 가지는 사람이면 좋겠죠? 수학을 좋아하는 마음만 있다면 진학이 가능합니다.

Q 수학교육학과에 진학하면 어떤 과목을 배우나요?

A 기초과목으로는 교육학개론, 교육심리학, 교육사회학, 교육과정 및 평가, 교육행정을 배우고 심화과목으로는 교과교육론, 수학교재연구, 교재강독, 수학교육사, 수학교수법, 선형대수, 미분방정식, 거리공간론, 편미분방정식, 확률론이 있습니다.

Q 어떤 과목을 배우는지 알게 되었는데 이름만 봐서는 잘 모르겠어요. 자세히 설명 해주실 수 있나요?

➡ 선형대수

벡터공간, 내적공간, 고유치와 고유벡터, 선형변환 및 응용문제 등 선형대수의 기본을 배운다.

➡ 수학교육론

수학교육과정의 구성 및 교과 변천에 대한 자취를 탐색하고, 교과구성 변천 및 교육목표, 지도내용, 지도상 유의점 등에 대해 배운다.

➡ 위상수학

거리 공간의 성질을 연구하고 이를 일반화한 위상적 구조에 관하여 공부한다. 여러 가지 도형의 위상적인 성질과 기하학적인 성질에 대해 배운다.

➜ 집합론

수학 공부에 필요한 기본적인 논리와 집합에 대한 개념을 소개하고, 이 개념들을 이용하여 함수관계 등을 이해하며 자연수, 실수 등의 수 체계에 대해 배운다.

➜ 미분기하학

벡터함수에 대한 미분, 적분 등의 해석학적 이론을 간단히 정의하고 곡선, 호의 길이, 곡률, 열률, Frenet-Serret Equation 등의 국소적 곡선 이론과 Rotation Index theorem, Four-vertex theorem 등의 대역적 곡선 이론에 관하여 배운다.

➜ 정수론

약수와 배수, 소수와 합성수, 일차부정방정식, 합동과 합동식, Fermat 정리, Euler 정리, 고전암호, 정수론적 함수, 이차잉여, 소수와 소인수분해, 원시근, 지수, 공개키 암호, 단순연분수와 소인수분해 등을 배운다.

➜ 미적분학

실수, 함수, 극한과 연속성, 미분계수, 도함수, 미분함수의 극치, 평균치 정리, 극대, 극소의 응용, 정적분, 미적분학의 기본정리, 정적분의 응용, 초월함수의 미분 및 적분과 그 응용을 배운다.

➜ 해석학

극한, 연속성, 한 변수 혹은 다변수 함수의 미분과 적분에 대해 알아보고 급수와 함수열에 관해 공부한다. 수학의 큰 부류인 해석학의 기초를 익힘으로써 수학 현상의 이해를 배운다.

Q 수학교육학과에 관련된 자격증이 있을까요?

A 네. 수학교육학과를 졸업하면 2급 정교사 자격증을 획득하게 됩니다. 임용고시를 쳐서 국립으로 갈 수도 있고 사립학교도 시험을 쳐서 갈 수 있습니다. 수학과 관련된 민간자격증들도 있는데 최근에 스토리텔링 수학, 놀이 수학과 같은 자격증들이 인기가 있습니다.

영어교육학에서 수강하는 대표 과목은?

Q 영어교육학과는 어떤 학과인가요?

A 영어교육과는 언어 습득과 관련해 인간에 대한 폭넓고 체계적인 지식은 물론, 언어를 교육하는 현장에서 요구되는 제반 교육의 이론과 실제에 대해 전문적으로 교육합니다.

Q 영어교육학과와 관련된 과가 많을까요?

A 아뇨. 영어교육학과는 명칭 그대로 사용하는 학교들이 대다수입니다.

Q 영어교육학과에 진학하려면 어떠한 흥미를 가져야 하나요?

A 영어에 대한 흥미와 재미있어하는 마음이 필요합니다. 또한 누군가에게 영어를 가르쳐 주면 신이 나는 마음을 가진 사람이라면 진학이 가능하다고 봅니다.

Q 영어교육학과에 진학하면 어떤 과목을 배우나요?

A 입문과목으로는 영어학 입문, 영어 청해 및 회화, 영미문학교육을 배우고

심화과목으로는 영어독해 및 작문, 영어교육론, 영어교수이론과 지도, 영어문법의 이해, 영어작문 교육론, 영문법 교육론, 영어멀티미디어 교육론기초과목으로는 교육학개론, 교육심리학, 교육사회학, 교육과정 및 평가, 교육행정을 배웁니다.

Q 어떤 과목을 배우는지 알게 되었는데 이름만 봐서는 잘 모르겠어요. 자세히 설명해 주실 수 있나요?

➡ 기능지도법

미래의 중등영어교사들에게 필요한 영어의 네 가지 기능들(말하기, 듣기, 읽기, 쓰기)과 관련된 특징과 능력들을 의사소통에 초점을 두고 배운다.

➡ 실용영문법

실제 의사소통 시에 자주 사용되는 문법들을 중심으로 다양한 문맥에서 익히고 연습한다. 문법이 더욱 실용적으로 활용될 수 있는 방안에 대해 배운다.

➡ 영문독해연습

영어 신문, 잡지의 기사에서 논설문, 단편소설 등 다양한 영문을 통하여 독해전략의 구사를 포함한 영어 읽기 방법에 대해 배운다.

➡ 영어교수법

외국어로서 영어를 가르치는 다양한 교수 방법과 이론적 배경을 이해하고 그 장단점에 대해 배운다.

➜ 영어회화

기본적인 의사소통 능력에 중점을 두고 외국인 교수의 지도하에 정확한 발음 및 표현법을 배운다.

➜ 영어작문

기본적인 영어문장 작성을 연습하며 올바르고 정확한 작문체계를 가르치는 능력을 배운다.

➜ 영어교과교육론

어떻게 외국어 교육이 성장해 왔으며 교육심리와 언어학이 영어교육에 기여해 왔는가를 연구한다. 영어교육론 전반에 걸친 폭넓은 이해를 바탕으로 영어교사로서 익혀야 할 이론과 실제에 관한 지식의 기초를 배운다.

➜ 영어학개론

영어 음의 구조, 어형, 문장구조, 의미구조와 심리적, 사회적, 역사적 관점에서 영어의 본질에 대한 분석 이론과 기술 방법을 개관하며, 두뇌와 영어, 컴퓨터와 영어 등 영어의 본질과 사용을 배운다.

Q 영어교육학과에 관련된 자격증이 있을까요?

A 영어와 관련된 자격증은 많습니다. 일단 영어교육학과를 졸업하면 국가자격증인 정교사 2급 영어교사 자격증이 나옵니다. 또 영어 관련 자격증이라면 관광통역안내사(영어), 국내 여행안내사, 외국어번역행정사가 있습니다. 해외자격으로는 우리가 잘 아는 영어능력시험(TOEIC, TEPS, TOEFL)들이 있습니다. 민간자격으로는 FLEX영어, SNULT영어, 한국영어검정, 무역영

어, 영어지도사, 한국문학영어번역사, CUFS영어번역사 등이 있습니다.

Q 영어교육학과와 영어영문학과에서 배우는 과목을 비교해 볼까요?

➡ 영어교육학과

입문과목 : 영어학 입문, 영어 청해 및 회화, 영미문학교육

심화과목 : 영어독해 및 작문, 영어교육론, 영어교수이론과 지도, 영어문법의 이해, 영어작문 교육론, 영문법 교육론, 영어멀티미디어 교육론

➡ 영어영문학과

영미어학 과목 : 영어의미론, 영어발달사, 영어구문론, 영어음운론, 영어통사론, 응용영어학 입문

영미문학 과목 : 영문학개론, 영미소설, 영미희곡, 영미시, 영미문학비평, 영미작가연구, 영미문학과 대중문화

실용영어 과목 : 시사영어, 영어회화실습, 영문해석, 영작문실습, 실용영작문, 영어발음연습, 고급영어회화

Q 영어교육과와 영어영문학과의 과목에 대해 더 자세하게 알고 싶어요.

A 영어영문학과는 영어권 문학과 문화를 연구하는 학문으로, 영어권의 문화와 정신을 탐구하고 세계화 시대의 대표적인 의사소통 수단인 영어에 대한 어학 능력을 향상시키는 것을 목표로 합니다. 주요 교육내용은 영어권 문학 분야, 영어를 대상으로 한 언어학 분야, 전문영어 분야로 나뉘며 문학 분야에서는 다양한 소설과 희곡, 시, 비평이론을 연구합니다. 어학 분야에서는 영어를 대상으로 한 음성 음운론, 구문론, 의미론 등의 언어적 체계를 익히

며, 전문영어 분야에서는 영어 회화와 작문, 영어 토론을 통해 더욱 실용적이면서도 수준 높은 영어를 사용할 수 있도록 교육하는 과입니다.

영어교육학과는 영문학 분야의 과목과 함께 중등 교육 이론 및 방법에 대한 과목들로 구성되어 있습니다.

졸업해서
나아갈 수 있는 분야

교육 분야

🠖 평생교육사

❖ 어떤 일을 하는 직업인가요?

사회와 조직의 요구를 분석하여 교육프로그램을 기획합니다. 전문가들과 협의하여 프로그램 내용과 일정을 결정하는 등 프로그램을 설계하고 개발하는 일을 합니다. 또한 강사 섭외, 시설 및 매체 확보 등 프로그램을 운영하고 교육성과를 분석, 유사 및 관련 기관과 네트워킹을 형성하여, 행사를 함께 기획하고 학습자를 진단합니다. 또한 학습상담을 시행, 교육 문제를 진단하고 해결하는 방안을 제시하는 등 교육 컨설팅을 진행합니다.

❖ 어디에서 일을 할 수 있나요?

국가평생교육진흥원, 시·도 진흥원, 시·군·구 평생학습관, 학교의 평생교육시설, 학교부설 평생교육시설, 각종 학교형태의 평생교육시설, 사내 대학 형태의 평생교육시설, 원격교육형태의 평생교육시설, 사업장 부설 평생교육시설, 시민사회 단체 부설 평생교육시설, 언론기관 부설 평생교육시설, 지식·인력개발 관련 평생교육시설에서 일을 할 수 있습니다.

❖ **일자리 전망은 어떤가요?**

고령화 시대에 접어들면서 평생교육의 중요성과 역할은 점점 더 커질 것으로 보입니다. 평생교육을 계획부터 평가까지 전반적으로 처리하는 평생교육사에 대한 수요는 계속 늘어날 것으로 내다보고 있습니다. 또한 평생교육기관에서는 평생교육사가 있어야 하며 유아교육법과 초중등교육법 및 고등교육법에 따른 유치원 및 학교장은 교육프로그램을 운영할 때, 필요하면 평생교육사를 채용할 수 있습니다.

❖ **필요한 자격이 있나요?**

평생교육사라는 자격증이 필요합니다. 평생교육사는 1급에서 3급까지 나뉘기 때문에 응시조건이 급수에 따라 다릅니다.

❖ **자격이 많이 다른가요?**

평생교육사는 대졸 이상 학력을 가지고 관련 과목을 이수한 자 또는 관련 업무에 종사한 경력을 가지고 평생교육사 양성과정 이수한 자로서 대통령령이 정하는 바에 의하여 교육부장관이 수여하는 자격증을 받은 자입니다. 평생교육사는 학력 또는 경력에 따라 1·2·3급으로 구분됩니다.

평생교육사의 자격은 다음과 같습니다.

• **평생교육사 1급**

평생교육사 2급 자격증을 취득한 후, 교육부장관이 정하는 평생교육과 관련된 업무에 5년 이상 종사한 경력이 있는 자로서 진흥원이 운영하는 평생교육사 1급 승급과정을 이수한 자

• 평생교육사 2급

① 「고등교육법」제29조 및 제30조에 따른 대학원에서 교육부령으로 정하는 평생교육과 관련된 과목(이하 "관련 과목"이라 한다) 중 필수과목을 15학점 이상 이수하고 석사 또는 박사학위를 취득한 자. 다만, 「고등교육법」제 2조에 따른 학교(이하 "대학"이라 한다)에서 필수과목을 이수한 경우에는 선택과목으로 필수과목 학점을 대체할 수 있음.

② 대학 또는 이와 같은 수준 이상의 학력을 인정할 수 있는 기관, 「학점인정 등에 관한 법률」에 따라 평가인정을 받은 학습 과정을 운영하는 교육훈련기관(이하 "학점은행기관"이라 한다)에서 관련 과목을 30학점 이상 이수하고 학위를 취득한 자

③ 대학을 졸업한 자 또는 이와 같은 수준 이상의 학력이 있다고 인정되는 자로서 다음 각 항목의 어느 하나에 해당하는 기관에서 관련 과목을 30학점 이상 이수한 자
가. 대학 또는 이와 같은 수준 이상의 학력을 인정할 수 있는 기관
나. 법 제25조 제1항에 따른 평생교육사 양성기관(이하 "지정양성기관"이라함.)
다. 학점은행기관

④ 평생교육사 3급 자격증을 보유하고 관련 업무에 3년 이상 종사한 경력이 있는 자로서 진흥원이나 지정양성기관이 운영하는 평생교육사 2급 승급과정을 이수한 자

• 평생교육사 3급

① 대학 또는 이와 같은 수준 이상의 학력을 인정할 수 있는 기관, 학점은행기관에서 관련 과목을 21학점 이상 이수하고 학위를 취득한 자

② 대학을 졸업한 자 또는 이와 같은 수준 이상의 학력이 있다고 인정되는 자로서 다음 각 항목의 어느 하나에 해당하는 기관에서 관련 과목을 21학점 이상 이수한 자
가. 대학 또는 이와 같은 수준 이상의 학력을 인정할 수 있는 기관
나. 지정양성기관
다. 학점은행기관

③ 관련 업무에 2년 이상 종사한 경력이 있는 자로서 진흥원이나 지정양성기관이 운영하는 평생교육사 3급 양성과정을 이수한 자

④ 관련 업무에 1년 이상 종사한 경력이 있는 공무원 및 「초·중등교육법」 제2조 제2호부터 제6호까지의 학교 또는 학력인정 평생교육시설의 교원으로서 진흥원이나 지정양성기관이 운영하는 평생교육사 3급 양성과정을 이수한 자

➡️ 중등학교 교사

❖ 어떤 일을 하는 직업인가요?
중학교, 고등학교에서 학생들을 가르치는 직업입니다.

❖ 어디에서 일을 할 수 있나요?

근무처를 국립학교와 사립학교로 두 가지로 나눌 수 있습니다. 국립에 경우 임용고시를 합격해야 하며 사립의 경우에는 임용고시와 같은 절차로 교사를 뽑고 있습니다.

❖ 일자리 전망은 어떤가요?

좋지만은 않습니다. 갈수록 인구수는 줄어들어 교실의 수도 줄고 학생도 줄고 있기 때문입니다. 그래도 교육부에서 공교육의 내실화를 목표로 교원 1인당 담당 학생 수를 줄이기 위해 노력하고 있습니다. 많은 아이가 아닌 소수의 아이를 교육함으로써 교사의 수 늘리기를 지속하고 있습니다. 최근 초등학교는 투(Two) 담임제를 시범으로 도입하였고 성과를 알아가는 중입니다. 잘하면 중등학교에도 투 담임제가 생기지 않겠냐는 생각입니다.

❖ 필요한 자격이 있나요?

정교사 자격증이 필요합니다. 중등학교 교사가 되기 위해서는 대학교의 사범 계열학과를 졸업하거나 일반학과에서 교직 과목을 이수하여 중등학교 2급 정교사 자격을 취득해야 합니다. 일반학과 졸업 후 교육대학원에서 석사 학위를 취득해도 2급 정교사 자격을 취득할 수 있습니다.

자격증도 중요하지만 무엇보다 아이들의 눈높이에서 바라보고 이해하고 진심으로 대해 줄 수 있는 마음도 필수라고 할 수 있겠죠.

➡ 대안학교 교사

❖ 어떤 일을 하는 직업인가요?

다양한 교수방식을 통해 학생 스스로 사회 공동체의 일원으로서 책임을 인지하고, 자율적인 학교생활을 하도록 지도하는 일을 합니다.

❖ 대안학교는 일반학교 생활 부적응자가 가는 곳이 아닌가요?

꼭 그런 것은 아닙니다. 입시가 경쟁으로 이루어지다 보니 이러한 경쟁이 익숙하지 않은 아이들이나 부모님이 아이들이 원하는 쪽으로 보내오죠. 꼭 문제가 있다는 것은 아닙니다. 또한 야간 강좌로 노인들의 교육 등을 담당해 주기도 합니다.

❖ 일자리 전망은 어떤가요?

앞으로 많이 생길 것 같습니다. 교육 문화가 주입식에서 창의성을 요구하고 아이들 스스로가 아이답게 살 수 있도록 만들어주는 공간이라 생각합니다. 따라서 앞으로 대안학교는 좀 더 많아질 것 같습니다.

❖ 필요한 자격이 있을까요?

2급 정교사 자격증과 다양한 교육 경험이 요구됩니다. 대안학교의 철학에 동의하는지, 교사로서의 소양을 갖췄는지 봅니다. 대안교육 현장에서 활동하는 교사들의 경우 교육학, 사회학, 사회복지학, 상담심리학 등을 전공하거나 청소년 교육 부문의 학습 경험을 가진 이들이 많습니다. 대안학교 교사가 되려면 대안교육 관련 단체, 문화센터 등에서 운영하는 교사 양성과정을 이수하는 방법도 있습니다.

➡ 특수교사

❖ 어떤 일을 하는 직업인가요?

특수교사는 특수학교에서 근무하는 분들도 있지만, 국공립학교와 사립학교에 근무하는 분들도 있습니다. 주 업무는 아이들의 학교생활에 대한 적응과 교육을 담당하고 있습니다.

❖ 어디에서 일을 할 수 있나요?

학교와 사회복지시설, 전문 센터 등 다양한 곳에서 일할 수 있습니다.

❖ 일자리 전망은 어떤가요?

앞으로 일자리 전망은 좋습니다. 특수재활과 같은 부분도 늘어 좋은 직업이 될 것이라는 생각입니다.

❖ 필요한 자격이 있나요?

자격은 대학교를 졸업 후 특수교사 자격증이 필요합니다. 특수자격증이 나올 때는 유아특수, 초등특수, 중등특수로 나뉘게 되며, 유아특수의 경우 유치원, 초등특수는 초등학교로 중등특수는 중등특수에 관련된 직업을 가지게 됩니다.

연구 분야

→ 빅데이터 전문가

❖ 어떤 일을 하는 직업인가요?

데이터를 분석하여 함축된 정보를 도출해 새로운 부가 가치를 창출하는 전문가를 말합니다. 사람들의 행동 패턴 또는 시장의 경제 상황 등을 예측하며 데이터 속에 함축된 트렌드나 인사이트를 도출합니다. 이로부터 새로운 부가 가치 창출을 위해 대량의 빅데이터를 관리하고 분석합니다.

❖ 어디에서 일을 할 수 있나요?

대기업 빅데이터 관리부서, 검색 포털사이트 업체, 사설 데이터분석 업체에서 일하게 됩니다.

❖ 일자리 전망은 어떤가요?

지속적인 데이터베이스 산업의 성장 배경에는 기존 PC 기반의 온라인 서비스로 제공되던 DB 서비스가 모바일 DB 환경으로 전환되었다는 점입니다. 스마트폰으로 대표되는 사회관계망서비스(SNS)가 개인의 소통 도구에서 그치지 않고 기업의 혁신적인 마케팅, CRM 도구로 진화하면서 스마트폰 등 모바일 기반의 비즈니스가 확산하고 있습니다. 스마트폰을 비롯한 모바일 기기의 폭발적인 증가는 데이터 사용의 폭증으로 이어지고 이는 자연스럽게 고객 만족을 추구하는 기업들의 고객 만족을 높이기 위한 실시간 대용량 데이터 분석에 대한 수요로 이어졌습니다. 이러한 빅데이터 환경의 도래로 전 산업에서 빅데이터를 활용한 DB 분석 기법이 발전하고 있으며, 빅데이터의 실제적인 활용은 향후 DB산업의 안정적인 수요로 작용할 것으로 전망됩니다. 이러한 산업계 동향 및 인력수급을 종합적으로 고려했을 때, 데이터베이스 개발자의 고용은 현 상태를 유지할 것으로 전망됩니다.

❖ 필요한 자격이 있을까요?

관련 자격증으로는 국가공인 데이터아키텍처 전문가, 국가공인 SQL전문가, 데이터 분석전문가 등이 있습니다.

☞ 여기서 잠깐!!

- 빅데이터 전문가는 일반적으로 전문대학 및 대학교에서 컴퓨터 공학, 전산학, 수학 등을 전공하는 게 유리합니다. 또한 데이터를 분석하는 프로그램을 개발하고 분석하는 능력을 지니고 있어야 합니다. 기존 IT업계 종사자를 대상으로 하는 교육을 받거나 최근 개설된 교육 과정 등을 통해 진출할 수 있습니다. 빅데이터는 데이터마이닝이나 인공지능 분야의 기계학, 통계학 등에서 시작했기 때문에 이런 학문들과 연관성 있는 직업 분야에서 연구 경험이 있는 사람들의 진출이 활발합니다. 데이터 과학은 컴퓨터 공학과 통계학 등 다양한 관련 학문이 통합돼 있기 때문에 기본적으로 통계학에 대한 지식과 비즈니스 컨설팅에 대한 이해가 필요하고, 데이터 분석을 위한 설계 기법 활용 등에 관한 전문적인 역량이 중요합니다.

➡ 소비자트렌드 분석가

❖ 어떤 일을 하는 직업인가요?

소비자를 분석하여 시장 현황에 맞춰 상품을 기획하는 전문가를 의미합니다. 소비자의 구매 패턴 변화를 분석해 시장의 현황과 상황을 이해하여 이를 통합 상품으로 기획하기도 합니다.

❖ 어디에서 일을 할 수 있나요?

다양한 곳에서 일할 수 있습니다. 통계청, 컨설턴트 업체, 기업 소비자 상담 부서, 소비자 단체에서 일할 수 있습니다.

❖ 일자리 전망은 어떤가요?

과거에는 소비자에 대한 직접적인 조사를 통한 분석만이 가능했지만, 인터넷을 통해 소비자의 검색 및 로그(log)를 분석하게 되었습니다. 이로 인해 다양한 각도와 영역에서 소비 트렌드 분석이 이뤄지고 있습니다. 농수산물이나 화장품 등 특정 분야에 대한 분석은 물론 고령화 시대에 맞춘 시니어 세대 소비 분석과 에너지 절감 정책에 따른 에너지 소비분석 등 상품, 계층, 정책 변수, 지역 등 다양한 소비패턴 분석이 요구되며 다양한 곳에 활용되고 있습니다. 이러한 추세는 향후에도 지속되어 다양한 분야에서 소비자트렌드 분석가에 대한 수요가 증가할 것으로 보입니다. 특정 회사의 상품 개발이나 기획 외에도 정책이나 소비연구소 등에 취업하여 거시적인 분석을 할 수도 있습니다. 최근에는 빅데이터를 이용한 분석이 활성화되며 마케팅 전문 업체에서 의뢰 업체의 소비분석을 하는 등 활동 영역이 확대되고 있습니다.

❖ 필요한 자격이 있나요?

대부분 대졸 이상의 학력이 요구되며, 석사 학위 이상의 학력을 소지하면 입직에 더 유리하다고 볼 수 있습니다. 전공 학과에 대한 특별한 제한은 없지만, 경영학, 소비자학, 사회학, 심리학, 신문방송학, 통계학 전공자가 대부분이고, 정치학, 행정학, 사회복지학 등 다른 사회과학 분야 전공자도 있습니다. 논리적인 사고력과 고객과 소통할 수 있는 커뮤니케이션 능력이 필수적이며, 조사 방법과 통계 분석에 관한 기본적인 지식이 필요합니다. 실무적으로는 사무용 프로그램과 통계분석 프로그램을 능숙하게 다룰 수 있어야 하며 다국적 기업이나 해외 고객과의 의사소통을 위해 영어 등 외국어에 능통하여야 합니다.

➡ 교재교구 개발자

❖ **어떤 일을 하는 직업인가요?**

학생들의 학습에 필요한 교재와 교구를 개발하는 사람입니다. 교육 대상자의 특성에 대해 연구하고 교수 효과를 최대화할 수 있는 교재나 교구에 대해 연구합니다. 다양한 자료를 읽거나 조사하여 작품의 새로운 소재를 발굴하기도 하고, 컴퓨터에 문자나 그림, 로고, 사진 등을 입력해 색채, 크기, 위치를 조정하고 편집합니다.

❖ **어디에서 일할 수 있나요?**

기업체나 연구소에서 일할 수 있습니다. 또는 프리랜서로 일할 수 있다는 장점이 있습니다.

❖ **일자리 전망은 어떤가요?**

향후 5년간 교재 및 교구 개발자의 고용은 현 상태를 유지하거나 다소 증가할 것으로 전망됩니다. 또한 최근 전자 교과서, 전자 참고서, e-learning 교재에 대한 수요와 시장이 확대되면서 온라인 분야 진출이 활발히 이루어지고 있습니다. 현재까지는 주로 아동용 콘텐츠가 주류였지만, 지식 사회로 나아가고 평생교육에 대한 수요가 증가함에 따라 시장 확대가 예상됩니다. 이에 따라 온라인 교구 및 교재 개발 사업에 대한 인력 수요가 꾸준히 증가할 것으로 생각됩니다.

❖ 필요한 자격이 있을까요?

교구 및 교재 개발자로 일하려면 일반적으로 대졸 이상의 학력이 필요합니다. 유아를 대상으로 한 기업에서는 전문대졸 이상을 요구하는 추세입니다. 교육 관련 학과 이외에 국어, 영어, 수학 등 해당 과목별 학과를 전공하면 취업에 유리하고, 어느 정도 경력이 쌓이면 프리랜서로 활동할 수 있습니다. 규모가 큰 업체에서는 공채를 통해 신입·경력직을 모집하고 소규모 업체는 대체 인력이 필요할 때마다 실무에 바로 투입될 수 있는 경력자를 수시 채용하는 경우가 많습니다. 교육 과정과 개편 시기에 따라 인력 수요가 유동적인 직업입니다.

기업체 분야

➡ 컨설턴트

❖ 어떤 일을 하는 직업인가요?

새로운 사업 아이디어나 비즈니스 모델을 발굴 및 컨설팅하는 전문가입니다. 시장 트렌드에 맞춰 새로운 사업 아이디어나 비즈니스 모델을 발굴하고 고객의 요구에 따라 사업 초기에 필요한 경영 전략 및 마케팅을 컨설팅합니다.

❖ 일자리 전망은 어떤가요?

아주 좋다고 봅니다. 우리나라에는 신사업 아이디어를 발굴해 제공하는 인력이 소수에 불과하며, 주로 창업 컨설턴트가 업무 수행 과정에서 신사업 아이디어를 부가적인 서비스로 제공하고 있습니다. 정부의 창조경제 실현과 연계해 새로운 비즈니스 모델 발굴에 대한 욕구가 커지고 있어 이 사업의 잠재적 성장 가능성이 증대됩니다.

❖ 필요한 자격이 있을까요?

전공 + 전공 : 교육학 + 경영학이 이루어져야 합니다. 교육학적 지식을 기반으로 교육 콘텐츠 개발 전문기업 설립을 위한 컨설턴트로 활동할 수 있습니다. 보다 전문성을 갖추기 위해 경영학을 함께 공부하여 기업의 설립이나 운영 등과 관련된 지식을 확보할 필요가 있습니다.

➡ 교육용 애니메이션 개발자

❖ 어떤 일을 하는 직업인가요?

교육용 애니메이션 개발자는 교육을 목적으로 애니메이션을 개발하는 일을 하는 사람입니다. 애니메이션 시장의 동향을 파악하고 다양한 자료를 조사하여 작품의 새로운 소재를 발굴합니다. 이후 애니메이션 작가, 컴퓨터애니메이션 감독 등에게 기획 의도를 전달해 판매 방법을 협의하기도 합니다.

❖ 일자리 전망은 어떤가요?

우리나라는 애니메이션의 스토리나 캐릭터를 창조하고, 상품 가치를 높이는 기획력과 마케팅 부문까지 담당하는 애니메이션 개발자에 대한 수요가 거의 없었습니다. 그러나 최근 들어 부가 가치가 높은 창작 애니메이션이 속속 탄생하면서 애니메이션 기획자가 주목을 받고 있습니다. 한 편의 잘 만든 애니메이션은 여러 국가에 수출되어 엄청난 로열티를 받을 수 있는 산업이기도 합니다. 예를 들면 뽀로로가 이에 해당되지요. 또한 애니메이션이 어린이나 보는 오락용 만화라는 인식이 변화하고 있기 때문에 교육용 애니메이션에 대한 인기가 더 늘어날 것으로 보입니다. 애니메이션 총량제와 같은 정책시행 후 국산 신규 애니메이션 방송 비율이 증가하고 있어 이러한 정부의 정책 지원이 지속된다면 애니메이션 개발자의 일자리 증가에 긍정적으로 작용할 것입니다. 다만 경기 침체로 국산 애니메이션에 대한 투자가 감소하는 경향이 있으며, 애니메이션 기획 업무가 많은 인력을 필요로 하지 않기 때문에 일자리가 크게 증가하기는 어려울 것으로 판단됩니다.

❖ 필요한 자격이 있나요?

전공 + 전공 : 교육학 + 애니메이션학이 이루어져야 합니다. 교육학적 지식을 활용해 연령별 발달 단계에 따라 필요한 요소를 교육용 애니메이션에 포함하여 설계하고 기획해야 합니다. 그리고 이를 통해 효과적인 교육용 애니메이션을 개발해야 합니다. 애니메이션 제작은 연출 방법과 작화 기술 등에 대한 지식이 필수이기 때문에, 애니메이션에 대한 전문교육을 이수하여 경쟁력을 갖춰야 합니다.

공공/행정 분야

➡ 교육행정 공무원

❖ 어떤 일을 하는 직업인가요?

국립 유치원, 초·중·고, 대학교, 대학원까지 모든 교육기관 인력 정책과 함께 행정 지원을 관리합니다. 교육 재정과 같은 전반적인 업무를 담당하며 행정과 경제에 대한 업무를 하는 직업입니다. 또한 교육행정 지원과 정책 수립, 조직 관리 등의 행정 업무를 담당합니다.

❖ 일자리 전망은 어떤가요?

국민들의 삶에 필요한 공공서비스를 제공하기 위해 최근 인력 부족이 많다고 평가되는 사회복지 분야를 비롯해, 일반행정과 교육행정 등 국민 생활과 직결되는 서비스 분야 인력 부족으로 많은 일자리가 창출될 것으로 생각합니다.

❖ 필요한 자격이 있나요?

7, 9급 국가직 공무원 시험은 매년 1회 통상 4~5월경에 시행되며, 지방직 공무원 시험은 지역마다 차이가 있어 보통 거주지, 본적지 등에서만 응시할 수 있습니다. 7, 9급 공무원 시험은 필기시험(선택형 필기시험)과 면접으로 이루어지는데, 필기시험의 경우 1차 시험은 국어(7급은 한문 포함), 영어, 한국사의 과목을 치르게 되며, 2차 시험은 지원 분야의 전문적인 과목들을 봅니다. 행정고등고시의 경우 1차 공직적격성시험(PSAT), 2차 논문형 필기시험, 3차 면접을 치르게 됩니다.

❖ 어떤 일을 하는 직업인가요?

소년원 수용자들을 바른 방향으로 이끄는 직업을 가진 사람들입니다. 소년원에서 청소년을 관리, 감독하고 교정, 교화하는 업무를 담당합니다. 또한 범죄를 예방하거나 범죄자를 재활시키기 위해 지역공동체 센터 등의 유사 조직에서 사회, 오락 및 교육활동을 조직, 감독하는 일을 합니다.

❖ 어디에서 일을 할 수 있나요?

교정시설, 소년원, 보호관찰소, 분류심사원으로 일을 할 수 있습니다.

❖ 일자리 전망은 어떤가요?

소년원학교 교사의 고용은 다소 증가할 전망입니다. 잘못을 저지른 청소년을 교화하여 대상 학생들이 건전한 정신과 올바른 생활 자세를 갖도록 유도하는 교도행정 방침에 따라 소년원학교 교사의 역할이 중요해지고 있습니다. 소년원학교 교사는 교도직 공무원에 해당하며 교도직 공무원의 수는 소폭으로 상승하고 있습니다. 수감 인원 감소 추세에도 불구하고 교정업무 외에도 교화, 직업훈련, 고충처리 관련 인력 수요가 늘어나고 있으며 사회 전반적으로 확산하고 있는 근로시간 단축 추세와 교도관의 근무 형태를 4교대로 전환하려는 움직임에 따라 교도관 및 소년보호관의 수요가 증대되어 왔고, 이러한 추세는 지속될 것으로 전망됩니다.

❖ 필요한 자격이 있나요?

소년보호관이 되려면 국가직공무원 채용시험이나 특별채용시험을 통과해야

합니다. 응시에 필요한 학력이나 경력 제한은 없으나 국가공무원법에 따른 결격
사유가 있어서는 안 됩니다. 대학에서 법학, 행정학, 교육학, 사회학, 심리학 등
의 학과를 전공하면 공무원 공개채용 시험에 유리할 수 있습니다. 자세한 사항
은 법무부 교정본부에서 확인할 수 있습니다. (http://www.moj.go.kr)

☞ 여기서 잠깐!!

• 전공 + 전공 : 교육학 + 경찰행정학으로 이루어진다. 다양한 교육학 지식을 갖추어 교정시설의 수용자
들을 대상으로 교정교육이 효과적으로 이루어지도록 한다. 경찰 행정학적 지식을 추가로 갖춤으로써
이외의 여러 업무에 대한 적합한 대처 방안을 찾아내고, 그 방안을 적절한 형태로 실현할 수 있다.

➡ 교도관리자

❖ 교도관리자는 경찰만 할 수 있는 거 아닌가요?

교정직 공무원은 교정시설에서 수용자를 관리 및 감독하고 교정행정에 대한
정책 방향 설정과 제도 시행 등의 업무를 담당합니다.

❖ 일자리 전망은 어떤가요?

교도관리자의 고용은 다소 증가할 것으로 전망됩니다. 교정업무 외에도 교
화, 직업훈련, 고충 처리 관련 인력 수요가 늘어나고 있으며, 사회 전반적으로
확산하고 있는 근로시간 단축 추세와 교도관의 근무 형태를 4교대로 전환하려
는 움직임에 따라 교도 관련 인력의 수요가 증대되어 왔습니다. 이러한 추세는
지속될 것으로 전망됩니다. 아울러 교도관 1인당 수용자 수를 살펴보면 우리나
라는 2013년 3.1명으로 영국 1.7명, 호주 2.3명(2011년 기준)에 견주어 볼 때, 아
직은 교도관 수가 부족한 편이고 이는 향후 교도관 잠재수요 증대 요인으로 작

용하여 수요 확대로 연결될 것입니다. 따라서 교도관을 비롯해 이들을 관리하는 관리자의 고용도 다소 늘어날 것으로 예측합니다.

❖ **필요한 자격이 있을까요?**

일반적으로 국가직 공무원 채용시험과 특별채용시험을 통하여 교도관으로 임용됩니다. 응시에 필요한 학력 및 경력 제한은 없으나 국가공무원법에 따른 결격사유가 있어서는 안 됩니다. 신체조건에 있어서 남자의 경우 신장이 165cm 이상(여자는 154cm 이상)이어야 하는 등 신장, 체중, 흉위, 시력, 색신 등에 제한이 있습니다. 시험과목은 7급 교정직(교정)의 경우 필수 7과목(국어, 영어, 한국사, 헌법, 교정학, 형사소송법, 행정법)을 치르면 되고, 9급 교정직(교정)의 경우 필수 5과목(국어, 영어, 한국사, 교정학개론, 형사소송법개론)을 치릅니다. 이밖에 7급 교정직(교회)은 필수 7과목(국어, 영어, 한국사, 헌법, 교정학, 교육학, 심리학)을 치르게 되고, 7급 교정직(분류)은 필수 7과목(국어, 영어, 한국사, 헌법, 교정학, 심리학, 사회학)을 치르게 됩니다. 이 외에 취업보호대상자 및 취업지원대상자, 워드프로세서 및 컴퓨터활용능력 1~3급 자격증 소지자, 국가기술자격증(기술사, 기사, 산업기사, 기능사)중 사무관리 및 통신정보처리분야 자격증 소지자, 변호사, 법무사 자격증 소지자에 대해 가산점을 부여하고 있다고 합니다.

☞ 여기서 잠깐!!

• 전공 + 전공 : 교육학 + 경찰행정학이 합해진 것으로 교화교육 또한 교육의 한 형태로, 교육학적 지식이 갖춰진 상태에서 실행될 때 본연의 목적을 보다 효율적으로 성취할 수 있다. 또한 교정시설에서 근무하면서 경찰행정학적 지식이 제반지식 역할을 하므로, 이 부분에 대한 지식을 갖추고 있는 것이 교도관리자로 근무하는 데 많은 도움이 된다.

졸업 후 진로 분야	교육		연구소	
	☑ 평생교육사 ☑ 중등학교 교사 ☑ 대안학교 교사 ☑ 특수교사		☑ 빅데이터 전문가 ☑ 소비자트렌드 분석가 ☑ 교재교구개발자	
	기업체		공공/행정	
	☑ 컨설턴트 ☑ 고객서비스 교육강사 ☑ 교육용 애니메이션 개발자		☑ 공무원교육 강사 ☑ 교육행정공무원 ☑ 소년원학교 교사 ☑ 교도관리자	

❖ 사범대계열로 진학하면 교사 외에는 다른 직업을 가질 수 없는 걸까요? 요즘 시대에 보니 취업도 어렵고 임용고시도 어렵다고 전부 복수전공을 택하는 선배들을 보았어요. 그래서 사범대계열에 가면 선생님이라는 길 한 가지 선택밖에 할 수 없는 건지, 아니면 다른 길도 있는 건지 궁금해요!

사범계열에 진학했다고 선생님만 될 수 있는 건 아닙니다. 자신의 전공을 다른 쪽으로 살려 다른 직업을 선택할 수도 있습니다. 사범계열을 다니면서 복수전공을 하는 친구들이 늘어나고 있습니다. 하지만 자신이 선택한 과와 관련 있는 과를 복수전공으로 선택하여 자신의 진로의 폭을 넓히는 친구들도 있고, 임용고시 합격을 바라보고 한 우물만 파는 친구들도 있습니다. 그래서 진로는 자신의 선택이라고 생각합니다.

계열별
핵심 키워드

핵심 키워드로 알아보는 교육학

Q 교육학과는 사범교육학과들과 어떤 차이가 있나요?

A 교육학은 학교라는 기준보다는 좀 더 넓은 영역인 사회, 문화, 역사 등 학교 밖의 현상들까지 확대해볼 수 있습니다. 실제 대학에서 역사, 철학, 심리학, 사회학, 행정학, 공학 등 다른 학문과의 연계성을 통해 교육 현상의 이해를 심화하는 과정도 배울 수 있습니다. 교육학은 이론 자체도 중요하지만 교육 현장의 생생한 현상들을 바탕으로 현재 교육의 문제점이 무엇인지 진단하고 앞으로 필요한 교육을 연구해볼 수도 있습니다.

Q 교육학과를 졸업하면 초등학교 선생님 임용을 볼 수 있는 자격이 주어지나요?

A 교육학과는 초등학교 교사 자격증을 취득할 수 없습니다. 초등교사가 되려면 교육대학교에 진학하거나 초등교육과가 있는 대학교로 진학해야 합니다. 교육학과만을 전공으로 한다면 교원자격증을 취득할 수 없으며 다른 전공을 복수 전공해야 합니다.

Q 교육학과라는 전공을 살려 연구원이 될 수 있나요?

A 네, 교육학과 전공 후 연구원이 될 수 있습니다. 하지만 자신이 연구하고 싶은 구체적인 분야가 있다면 대학원에 진학하거나 유학을 가는 경우도 있습니다. 석·박사 학위를 취득하여 연구원으로 진출하는 사례도 있습니다. 교육 관련 연구기관으로 한국교육과정평가원, 한국교육개발원, 한국직업능력개발원, 한국고용정보원 등 여러 기관이 있습니다.

핵심 키워드로 알아보는 유아교육학

Q 저출산 문제로 유아교육학과 전망이 어둡다는데 사실인가요?

A 저출산은 유아교육학뿐만 아니라 국가 차원에서 여러 분야의 복합적인 문제를 가지고 있습니다. 하지만 최근 맞벌이 부부의 지속적인 증가로 전문적이고 높은 수준의 보육을 원하고 있습니다. 초등학교 취학 전까지 영유아 교육의 중요성이 대두되며 보육교사와 유치원 교사를 양성하는 학과의 수요도 높아졌습니다. 현재까지는 교육현장에서 교사 대비 유아의 수가 많습니다. 4차 산업혁명의 AI 등장으로 교사가 사라질 수 있다고 하지만 보육 및 유아를 담당하는 교사의 역할을 대체할 가능성이 적다고 판단됩니다.

Q 유아교육학과와 관련된 취득자격면허는 무엇이 있나요?

A 국가자격은 유치원정교사, 미술 실기교사, 보육교사, 사회복지사가 있으며, 민간자격으로는 방과후 아동 지도사 미술심리치료사, 놀이치료사 등 종류가 다양합니다. 실질적으로 국가자격 취득 후 이 분야에서 근무를 할 수 있으며, 추후 관련 특성 분야에 따른 민간자격을 취득하여 업무 역량을 높여간다고 보면 됩니다.

핵심 키워드로 알아보는 특수교육학

Q 같은 특수교사라고 해도 중등특수교사 이상은 국어, 수학 등 과목이 나누어 가르친다고 알고 있는데 가르치는 과목에 따라 배우는 것이 다른가요?

A 중등특수교사는 자격증에 따라 표시과목이 있습니다. 하지만 교사가 되었을 때 표시과목대로 무조건 가르치게 되는 것은 아닙니다. 특수학급이 많을 경우엔 교사도 여럿 필요하기 때문에 교과를 나눠 가르치지만, 특수학급이 하나일 경우엔 교사 한 명이 가르쳐도 무리가 아니기에 혼자 국어, 수학, 사회, 과학을 모두 가르치기도 합니다.

Q 특수교육과에서는 어떤 내용을 공부하나요?

A 특수교육학과에서는 장애 영역에 관한 공부(지적장애, 자폐성장애, 지체장애 등)와 교육학(교육심리, 교육사회, 교육철학 등), 교과교육학(초등수학, 초등사

회, 중등은 각각의 교과목)에 대한 내용을 공부합니다.

Q 특수교육학과를 졸업하면 어떤 분야로 취업하게 되나요?

A 특수교육학과를 졸업하면 일반적으로 특수교사가 되기 위한 준비를 합니다. 국공립 특수학교는 임용고시를 통해 채용이 이루어지고 있습니다. 사립학교에는 특수학급이 아닌 특수학교만 설립되어 있는데, 이들 사립 특수학교의 채용은 학교마다 교원임용기준을 갖추고 공개 전형 혹은 추천을 통하여 이루어지고 있기 때문에 원하는 학교의 임용공고를 찾아보아야 합니다. 특수교사 이외에도 장애 관련 복지기관, 조기교육실, 언어치료실 등에 취업할 수 있습니다.

Q 특수교육학도 가르치는 대상에 따라 전공에 차이가 있나요?

A 전국 40개 대학에 특수교육학과가 있으며 유아 특수교육, 초등 특수교육, 중등 특수교육 전공으로 구분됩니다. 특수체육교육과의 경우 졸업 후 특수학교(중등) 정교사 2급 체육 자격증이 나옵니다.

전국 특수교육과

지역	대학명	학과명	지역	대학명	학과명
서울특별시	이화여자대학교	특수교육과	경상북도	대구대학교	유아특수교육과
					초등특수교육과
					특수교육과
서울특별시	한국체육대학교	특수체육교육과	경상북도	대구한의대학교	중등특수교육과
경기도	단국대학교	특수교육과	경상북도	영남대학교	특수체육교육과
경기도	가톨릭대학교	특수교육과	경상북도	위덕대학교	초등특수교육과
					중등특수교육과

경기도	강남대학교	초등특수교육과	경상남도	가야대학교	초등특수교육과
		중등특수교육과			특수체육교육과
경기도	용인대학교	특수체육교육과	경상남도	부산장신대학교	특수교육과
경기도	평택대학교	재활복지학과	경상남도	인제대학교	특수교육과
경기도	한신대학교	특수체육학과	경상남도	한국국제대학교	유아특수교육과
					초등특수교육과
					특수체육교육과
강원도	경동대학교	중등특수교육과	경상남도	창원대학교	특수교육과
대전광역시	대전대학교	중등특수교육과	부산광역시	신라대학교	체육학부
					특수체육전공
충청북도	극동대학교	초등특수교육과	부산광역시	동의대학교	특수체육학과
		중등특수교육과			
충청북도	영동대학교	초등특수교육과	부산광역시	부산대학교	특수교육과
		중등특수교육과			
충청북도	한국교통대학교	유아특수교육과	광주광역시	남부대학교	유아특수교육과
					초등특수교육과
충청남도	건양대학교	초등특수교육과	광주광역시	광주여자대학교	초등특수교육과
		중등특수교육과			중등특수교육과
충청남도	공주대학교	특수교육과	광주광역시	조선대학교	특수교육과
충청남도	나사렛대학교	유아특수교육과	전라북도	우석대학교	유아특수교육과
		중등특수교육과			특수교육과
		특수교육과			
충청남도	백석대학교	유아특수교육과	전라북도	원광대학교	중등특수교육과
		특수교육과			
		특수체육교육과			
충청남도	순천향대학교	특수교육과	전라북도	전주대학교	중등특수교육과
충청남도	중부대학교	유아특수교육과	전라남도	전남대학교	유아특수교육과
		초등특수교육과			초등특수교육과
		중등특수교육과			중등특수교육과
		특수체육교육과			
경상북도	경주대학교	특수체육교육과	전라남도	세한대학교	특수교육과

학과명	가르치는 대상	배우는 과정	졸업 후 자격증
유아특수교육	특수학교 유치부 학생	유아교육과정을 중심으로 특수교육전공과목 이수	특수학교(유치원) 정교사 2급
	유치원 특수학급 학생		
초등특수교육	특수학교 초등부 학생	초등교과교육과정을 중심으로 특수교육 전공과목 이수	특수학교(초등) 정교사 2급
	초등학교 특수학급 학생		
중등특수교육	특수학교 중등부 학생	특수교육전공과목 외에 부전공 과목 이수(국어,수학,영어 등)	특수학교(중등) 정교사 2급
	중.고등학교 특수학급 학생		
특수체육교육	특수학교 중등부 학생	특수교육전공과목 외에 체육과목 이수	특수학교(중등) 정교사 2급 체육
	중.고등학교 특수학급 학생		

핵심 키워드로 알아보는 수학교육학

Q 수학교육학과와 수학과의 차이점은 무엇인가요?

A 수학교육학과와 수학과에서 배우는 과목은 거의 비슷합니다. 하지만 수학과는 수학이라는 과목 자체를 학문으로 공부하는 학과이고, 수학교육학과는 수학이라는 교과목을 다른 이에게 교육하는 방식을 공부하는 학과입니다. 쉽게 말하면 수학과는 순수 학문이고, 수학교육학과는 응용학문이라고 볼 수 있습니다. 수학교육학과에서는 교직이수 과정을 거쳐 관련 과목들을 배우고 졸업할 때, 임용고시를 볼 수 있는 자격이 주어집니다. 하지만 수학과는 이러한 임용고시 자격이 주어지지 않습니다. 대학교에 따라 학과에서 일부는 임용고시를 볼 수 있지만, 이 또한 그 비중이 매우 낮은 것으로 알고 있습니다.

Q 수학교사가 되기 위해선 수학교육학과에 진학하는 방법밖에 없나요?

A 수학교사가 될 수 있는 방법은 크게 두 가지가 있습니다. 첫 번째는 학부로 수학교육학과에 진학하는 방법입니다. 학부 전공을 사범대학 수학교육학과에 진학하면 졸업 후 중등교사 자격증을 받습니다. 임용시험을 본후 합격하면, 공립학교에서 중등교사로 수학교사가 될 수 있습니다. 두번째 방법은 대학에서 수학과 졸업 후 교육대학원에서 수학교육학과로 진학해 교직이수 후 중등교사 자격증을 취득하고 임용시험을 치르는 절차가 있습니다.

Q 주변에 수학을 어려워하는 학생들이 많은데 수학을 가르치는 일이 중요한가요?

A 우리 삶의 큰 변화를 가져온 스마트폰은 사실 수학과 밀접한 관련이 있습니다. '푸리에 변환'을 예로 들 수 있습니다. 정보를 곡선 모양 그래프로 바꾸는 것인데 20세기가 되면서 전자통신 기기에 활용되었습니다. 이 공식을 활용해 주파수 분석 기술은 영상 처리에 이용되었습니다. 미래인재를 양성하기 위해서는 수학교육의 역할이 상당히 중요합니다. 하지만 2014년 '행렬'이 제외되었고 대학수학능력시험에서 '기하'를 제외하겠다고 발표한 적도 있습니다. 수학이 어렵다는 이유로 미래의 엔지니어와 기초과학을 연구할 인재들의 학습 기회를 뺏을 이유는 없다고 생각합니다. 이공계열 학문의 근간이 되는 수학을 가르치는 일은 국가경쟁력을 위한 인재 양성의 큰힘이 됩니다.

핵심 키워드로 알아보는 영어교육학

Q 영어영문학과와 영어교육학과의 차이는 무엇
인가요?

A 영어영문학과는 영어학과 영문학을 같이
배우는 학과를 뜻합니다. 어학에 대해서
더 깊게 공부하는 학문이기 때문에 영어학
전공 교수를 원한다면 영어영문학이 더 낫다
고 생각할 수 있습니다. 하지만 교사, 강사 등을 원한
다면 영어교육학과를 지원하는 것이 맞습니다. 영어라는 과목, 문학을 가
르치는 방식을 배울 수 있는 곳이 영어교육학과이기 때문에 교육이념과 목
적이 다르다고 할 수 있습니다.

Q 영어교육학과 이외에도 교직 이수를 받을 방법이 있나요?

A 영어학과, 영문학과, 영어통번역학과 등 영어교육학과 이외의 영어 관련 학
과에서 교육학을 신청하여 따로 이수하여 영어교육학과 공부를 한다면 교
직 이수를 받을 수 있습니다. 대부분 대학교 2학년 진학 시의 성적으로 결
정이 됩니다. 교직이수는 말 그대로 영어교육학을 공부함으로써 임용고시
에 응시할 수 있는 자격을 가지는 것이기 때문에 영어교육학과를 전공하지
않더라도 영어 교사가 되고 싶다면 그에 맞는 공부를 통해 이수할 자격을
갖추면 됩니다.

Q 통번역 기기들이 등장하고 있는데 외국어교육이 필요한가요?

A 미국에서는 영어와 불어를 자동으로 통역하는 프로그램이 시중에 판매되

고 있습니다. 이탈리아에서는 영화를 7개 외국어로 자동 통역해 주는 프로그램을 개발하고 있습니다. 이처럼 4차 산업혁명 시대에는 외국어 학습의 어려움을 줄이고 인공지능의 도움으로 1인 통번역사를 가질 수 있습니다. 하지만 외국어교육의 학습은 단순 어학만을 배우는 학문이 아니라는 점을 기억해야 합니다. 다른 나라의 문화, 역사, 지리, 생활양식 등 세계시민에게 필요한 배경지식과 글로벌 에티켓을 배울 수 있는 교과입니다. 영어교육 역시 시험 중심의 학습보다는 실용적인 교과로 변화할 수 있습니다. 이는 외국어를 배우는 이유와 목표가 분명해질 기회라고 생각됩니다.

계열별 연계 도서와
동영상을 추천해주세요

교육학을 위한 추천도서와 동영상

 추천도서

도서명	저자명	출판사
인성교육 성적보다 먼저다	이용태	에디터

'IT 개척자'에서 '인성교육 전도사'로 변신한 전 삼보컴퓨터 이용태 회장의 가정교육 메시지. 자녀를 행복한 사람, 성공한 사람, 리더십을 가진 사람으로 키우는 데 꼭 필요한 34가지 덕목을 생활 속 이야기로 엮었다. 세상을 행복하게 살기 위해서는 풍부한 지식과 더불어 원만한 인성을 갖는 것이 중요하다. 지식은 학교에서 가르치지만 인성은 가정에서 길러주어야 한다. 가정에서 부모가 자녀들의 인성을 기르기 위한 도구로 삼을 만한 책이다.

핀란드 교육혁명	한국교육연구	살림터

국제학생평가프로그램(PISA)에서 가장 높은 성취를 보여주고 있으며, 부패수치는 가장 낮고, 복지에 투자하는 비율이 우리의 두 배 가까이 되는 핀란드 교육의 모든 것에 대한 탐방기이다. 핀란드 교육제도를 유치원에서 종합학교, 고등학교, 대학의 단계별로 정리해서 보여주고, 각 학교들을 방문했던 교육 체험을 소개한다.
교육운동가, 교사, 교육학자, 교육위원, 시민단체 활동가, 언론인, 시인 등으로 다양하게 구성된 39명의 '2009 교육희망 찾기 북유럽 교육탐방단'이 핀란드 교육을 현장에서 직접 살펴보고, 프레젠테이션을 듣고, 교육자들과 대화를 나누면서 얻은 핀란드 교육에 대한 새로운 지식과 정보를 정리했다.

우리 시대를 위한 교육사회학 다시 읽기	엘버트 헨리 할지 외	고려대

현대 교육사회학의 흐름과 쟁점을 아우르는 교육사회학 개론서. 옥스퍼드대학교의 명예교수인 앨버트 헨리 할지 교수와 그의 학문적 동료들이 펴 내 오랜 기간 찬사를 받아온 명저 세 권의 서문을 모은 것이다. 기능론, 갈등론, 인적자본론, 해석학, 포스트모더니즘 등 교육을 둘러싼 여러 접근들을 개괄하고 비판적으로 검토하는 것은 물론 당대의 시대정신과 교육 사이의 상호작용을 규명하고 더 나은 담론을 제시하고 있다. 이 책은 그 자체로 한 권의 훌륭한 교육사회학 개론서일 뿐만 아니라 오늘날 우리 사회의 첨예한 교육적 쟁점들의 자리를 가늠해볼 수 있게 하는 프리즘이 되어줄 것이다.

위대한 감시학교	로렌 매클로플린	돌베개

꿈꾸는돌 시리즈 12권. 국내에 처음 소개되는 미국 작가 로렌 매클로플린의 디스토피아 소설이다. 책에서 그리는 미래 사회의 모습은 여타 디스토피아 소설들에 비해 이질감이 전혀 들지 않을 정도로 현실과 흡사하다. 작가는 '감시 평가제'라는 가상의 교육 시스템을 통해 제2 대공황과 중산층 소멸, 농어촌의 자생력 상실, 약자 연대의 해체, 비인간화 등 코앞까지 닥친 우리 사회의 문제들을 자연스럽게 드러내 보인다.

골격이나 주제 의식을 오늘날 세태와 교육 실정, 지금의 청소년들이 느끼는 고민들에 맞게 재단하고 발전시켜 더욱 현실적인 울림을 준다. 또 사춘기 소녀와 소년이 겪는 미묘한 긴장과 갈등, 감정 변화가 다른 한 축을 이루며 묵직한 주제 의식과 균형을 맞추고 흥미를 더한다. 두 주인공이 경계를 허물고 우정과 사랑을 지키며 결국 의미 있는 공동 작업을 해내는 결말은 소름 끼치도록 암울한 상황과 대비를 이루며 더 큰 감동과 희망을 준다.

아울러 새롭고 낯선 단어들 하나하나에 담긴 함축적 의미까지 우리말로 고스란히 옮기기 위해 역자가 고심한 흔적이 곳곳에서 엿보인다. 철학 박사이자 고등학교 현직 교사인 안광복 선생의 추천 글은 특별히 우리 독자들이 〈위대한 감시 학교〉를 읽으며 생각해 볼 문제들을 짚어 준다.

선생님의 심리학	토니 험프리스 저	다산북스

문제를 겪고 있는 많은 선생님들을 치료하고, 직접 중등학교에서 아이들을 가르친 경험이 있는 임상 심리학자 토니 험프리스는 이 책에서 선생님이 스트레스를 받을 수밖에 없는 이유에 대해 조목조목 짚어내고 있다.

수업시간에 학생이 책임감 있고 질서정연하게 행동하고, 교장이 수업관리 문제에 있어 선생님을 지원하는 등의 '합리적인 필요'가 일관성 있게 충족되게 하기 위해 이 책은 '자부심'이라는 코드를 중심으로 내용을 풀어간다.

열정적인 교사의 수업의 기술	김준기 저	북포스

평생 교직에 몸담아 온 선배 교사의 체험적 가이드북. 수업을 설계할 때 중점을 두어야 하는 사항들, 자료 준비 단계에서 필요한 노하우 등 수업 이전에 무엇을 갖춰야 하는지도 자세히 안내했다. 소외되는 학생 없이 모두가 활기차게 참여하는 수업을 진행하고 싶어 하는 교사들에게 새로운 아이디어를 제시할 것이다.

1등만 기억하는 더러운 세상	공지영 저	한겨레출판

인터뷰 특강 시리즈 일곱 번째 책. 1등과는 먼 삶을 살고 있는 '현장파' 인사들이 1등 세상에 맞서는 노하우를 들려준다. 전 진보신당 대표 노회찬, 사회운동가인 앤디 비클바움, 소설가 공지영, 최근 인천공항에서 강제출국 당한 일로 더욱 유명해진 '가난뱅이 활동가' 마쓰모토 하지메, 'B급 좌파' 김규항이 이야기한다.

젊은 교사에게 보내는 편지	조너선 코졸 저	문예

전미도서상 수상 작가이자 교육자인 조너선 코졸이 초임 교사에게 '교직이라는 직업의 즐거움과 어려움, 열정에 대한 보상'에 대해 들려준다. 교직에 첫발을 내디뎌 여러 가지 문제를 어떻게 해결해야 할지 난감해하는 초임 교사, 사회 정의와 공교육이 나아가야 할 방향을 고민하는 교사와 교육전문가, 학부모에게 권한다.

💬 K-MOOC 추천 동영상

미래교육을 디자인한다

| 중앙대학교
2019/10/07 ~ 2019/12/08

교육방법 및 교육공학

김민정 | 단국대학교
2020/03/02 ~ 2020/06/19

교육심리

| 단국대학교
2019/03/04 ~ 2019/06/21

💬 KOCW 추천 동영상

교육사회 ▶

서원대학교 | 김총두 | 2019년 2학기

사범대학생들의 교육과 사회에 대한 이해를 위한 교과목으로서 사회학에서 다루는 이론을 가져와 교육의 영향을 중심으로 다룸으로서 교육이 사회에 미치는 효과와 영향을 다룬다.

▤ 차시보기   ⬇ 강의담기

💬 교육학과 TED 추천 동영상

변화를 위한 학습 설계

학생 주도형 교육

유아교육학을 위한 추천도서와 동영상

💬 추천도서

도서명	저자명	출판사
유아교육과정	이기숙	교문사

유아교육과에 관련된 도서로 유아교육과정, 유아교육과정 구성의 기초, 우리나라의 유아교육과정, 유아교육 접근법 및 프로그램, 유아교육과정의 계획 및 구성, 유아교육과정의 운영에 관한 정보를 제공한다.

마주이야기, 아이는 들어주는 만큼 자란다	박문희	보리

아이들 말을 으뜸 자리에 두고 20년 가까이 마주이야기 교육을 해 온 박문희 선생님이 들려주는 유치원 교육 이야기. '대화', '언어 상호 작용'을 우리말로 마주이야기라고 한다. 아이들이 하고 싶어 못 참고 터져 나오는 소중한 말을 들어주고, 그 속에 담긴 아이의 마음을 알아주고, 또 그런 아이와 함께 교감하는 교육 방법을 만나볼 수 있다.

아이들은 놀기 위해 세상에 온다	편해문	소나무

저자는 대학에서 민속학을 공부하며 옛 아이들 노래, 놀이를 연구해 왔다. 산동네 골목을 누비며 신나게 놀았던 어린 시절이 지금을 사는 힘임을 깨닫고 '아이들 놀이노래이야기 연구실 씨동무'를 꾸려가면서 '공동육아와 공동체교육' 전문위원, '어린이도서연구회' 자문위원으로도 활동해 왔다.
그러면서 공부에 시달리며 집에서 학교로, 학원으로 맴돌이하는 아이들에겐 놀 틈도 놀 터도 없음을 아프게 느껴왔다. 결국 틈과 터가 막힌 현실의 답답함이 그를 인도로 가게 했고, 5년에 걸쳐 네 차례 인도를 드나들며 놀이에 흠뻑 빠진 아이들의 그 넘치는 생명력과 창조력을 만났다.
책 속에는 지은이가 인도에서 직접 찍은 아이들의 해맑고 순수한 사진이 190여 컷 실려 있다. 저자는 무엇이 우리 아이들에게서 이 생명의 기운을 앗아갔는지 묻고 있으며, 아울러 어른들이 아이들에게 무엇을 돌려주어야 하는지 그 답을 제시한다.

놀이의 달인 호모 루덴스	한경애	그린비

놀이에 대해 노동 후 재충전하는 휴식, 여가로서가 아니라 삶을 새롭게 창조하는 것으로서 새롭게 사유한다. 놀이란 삶을 즐거움으로 채우고, 우리의 일에 추진력을 제공하고, 나아가 다른 삶을 창조할 수 있는 가능성을 제공한다. 하고 싶은 일을 즐겁게 해 나가길 욕망하는 인간의 본능을 일깨우는 책이다.

놀이와 유아교육	신은수 외	학지사

대학교 전공서적으로 〈제1부 놀이와 유아〉, 〈제2부 놀이와 교육〉, 〈제3부 놀이와 교육 실제〉로 이루어져 있으며 이론, 발달, 환경, 놀이에 대한 다양한 정보가 들어있다.

한 아이1	토리 헤이든	아름드리미디어

이야기는 '쓰레기반'으로 불리는 신체-정서장애아들 학급을 맡고 있던 저자가 우연히 신문에서 본 1단짜리 기사에서 시작한다.

이웃집 아이를 유괴해 나무에 묶은 채로 불사른 여섯 살짜리 소녀에 관한 기사. 무심결에 지나친 그 기사 속의 아이가 얼마 후 자기 반에 오면서 교사와 아이의 이야기는 시작된다.

그 둘 관계의 출발은 '단절'. 다섯 살도 되기 전에 어머니에게 버림받아 고속도로변에 버려지고 알코올과 마약 중독자인 아버지에게 끔찍한 학대를 받으며 자란 아이와 유복한 가정에서 성장해 특수교육에 뛰어든 선생님 간에 나눠 가질 수 있는 것은 아무것도 없었다.

《한 아이 1》은 이렇게 시작된 아이 쉴라와 선생님 헤이든 간의 5개월에 걸친 만남의 이야기를 다룬다. 기상천외한 소동을 일으키고 선생님의 팔뚝에 연필을 꽂는 등의 이해할 수 없는 행동으로 일관하지만 결국 선생님의 헌신적인 노력은 쉴라에게 전달된다.

우리가 꿈꾸는 아름다운 학교	김신일	교육과학사

학교교육에 대한 우리의 꿈을 담고 있는 책. 이제는 학교교육에 대한 비판만 있어서는 안 되고, 교육의 사회 역사적 맥락을 간과한 외국 학교에 대한 일반적 찬양에서도 벗어나야 하며, 부분적이고 대중요법적인 처방 제시로는 우리 학교를 새롭게 태어나게 할 수 없다는 주장을 담고 있다. 집필에는 열 두 명이 참여했지만 집단 토론을 거쳐 책 전체의 방향을 결정했고 각 주제에 관해서도 집단의 의견을 반영했기 때문에 보다 객관적인 의견이 제시되었다.

한국의 세번째 기적	정범모	나남

2008년, 새 대통령과 함께 시작한 해, '자율'이란 단어가 여기저기서 들려온다. 한국의 원로학자인 정범모 교수는 그런 '자율의 사회'에서 다음세대가 자유를 만끽하며 살길 바라는 마음으로 이 책을 썼다고 이야기한다. 이 책은 그의 전공인 교육을 중심으로 한국의 세 번째 기적을 향한 자율의 바람을 담아놓은 것이다.

💬 K-MOOC 추천 동영상

아동과 청소년의 건강환경 Ⅰ

| 성신여자대학교
2020/03/16 ~ 2020/05/03

신비한 모래놀이치료의 세계

한미현 | 백석대학교
2020/03/15 ~ 2020/06/24

아동의 신비한 언어습득력: 이중언어 아동

임동선 | 이화여자대학교
2020/03/02 ~ 2020/06/14

💬 KOCW 추천 동영상

영유아놀이지도 ▶
경동대학교 | 권세겸 | 2014년 2학기
영유아를 대상으로 한 바람직한 놀이지도의 이론과실제
📷 차시보기   📥 강의담기

유아놀이지도 ▶
대림대학교 | 김현주 | 2018년 2학기
영유아의 전인적인 발달과 성장을 위한 가장 바람직한 교수 방법인 놀이(Play)의 이론 및 실제를 탐구하여 예비교사들의 놀이지도 능력 향상을
도모하는 것에 목표를 둔 과목이다. 따라서 본 과목에서는 놀이의 개념 및 의의, 놀...
📷 차시보기   📥 강의담기

특수교육학을 위한 추천도서와 동영상

💬 추천도서

도서명	저자명	출판사
발달장애아동의 마음읽기	박재국 외	시그마프레스

『발달장애아동의 마음 읽기』는 발달장애 아동과 함께 살아가면서 부모가 일상생활 속에서 겪게 되는 많은 문제들과 그에 대한 대처법 등 다양한 사례를 실제적이고 구체적으로 설명한 책이다.

어느 자폐인 이야기	템플 그랜딘, 박경희 역	김영사

『어느 자폐인 이야기』는 미궁에 빠져있던 자폐인의 세계와 그들의 시선에 대한 최초의 자전적 고찰을 담은 책이다. 세 살이 될 때까지 말을 못한 채 소리를 지르거나 콧소리를 내는 것이 의사소통의 전부였던 아이, 평생 보호시설에 살 것이라고 진단받은 아이가 자신의 내면세계에 대한 고백을 통해 장애를 이겨내고 당당한 성공인으로 거듭나기까지를 담고 있다. 자폐증에서 벗어나 새로운 사람이 된 것이 아니라, 자신의 약점을 그대로 받아들이고 그 위에서 새로운 삶을 시작한 자폐인의 감동적인 이야기가 펼쳐진다.

세계인권선언	이부록	프롬나드

이미지를 통해 쉽고 직접적으로 만나는 '세계인권선언'!
인류 최고의 가치인 '인권'을 천의 얼굴로 만나는 『세계인권선언』. 세상에 나온 지 70년이 되어가지만 여전히 우리에게 신선한 영감을 주면서 이상적 세계를 향한 인류의 다짐을 새롭게 해주는 '세계인권선언'의 30조문을 그림을 통해 만난다. 인간이 창조한 이미지의 역사에서 풍속화, 종교화, 카툰, 사진, 그리고 영화 등에서 적합한 이미지를 뽑아 올려 인류가 체험으로부터 깨달은 인간 고유의 권리인 '세계인권선언'을 이해하기 쉽게 직접적으로 전달하고 있다. 연상을 불러일으키는 이미지의 힘을 빌려 '세계인권선언'의 정신을 중심으로 미래 사회에 관한 상상의 나래를 펼쳐나가도록 인도한다. 현실적 유토피아가 가능하다는 것을 생생하게 보여준다.

장애아로 키우지 마라	프랑신 페르랑, 강현주 역	한울림스페셜

 장애아의 부모가 된다는 것은 인생을 뒤흔들어놓는 중대한 사건이다. 아이로 인해 부부의 가치관, 관계, 목표까지 흔들릴 수 있기 때문이다. 아무런 준비도 없이 생각지도 못했던 장애아를 만나게 된 부모들은 충격을 받고 당황하기 마련이다.
장애아동이 갖고 있는 '장애'라는 특성보다 '아이'라는 특성에 초점을 맞춰 부모가 어떻게 아이의 특성을 파악하고 각자의 능력을 살려줄 수 있는지 알려주고, 장애아의 부모들이 일상생활에서 적용할 수 있는 간단하고 구체적인 방법들을 제안하고 있다.
저자는 지난 수년간 장애아동을 임상 치료한 경험을 바탕으로, 장애아가 태어났을 때 부모들이 느끼는 감정과, 아이의 발달단계, 장애아를 키우면서 겪게 되는 다양한 문제 상황을 슬기롭게 대처하는 방법, 나아가 아이와 부모가 함께 행복해질 수 있는 길을 사례를 들어 감동적으로 이야기한다.

교육이란 무엇인가?	정진곤	교육과학사

『교육이란 무엇인가?』. 저자는 잘못된 우리나라의 교육현실을 개선하기 위한 열정과 깊이 있고 체계적인 지식을 이 책에 함께 정리했다. 학생들이 교육문제를 보다 깊이 있고 폭넓게 이해하는 데 도움이 되며, 그들의 일상생활 경험과 연관지어 생각해 볼 수 있도록 했다.

교사 역할 훈련	토마스 고든 저	양철북

적극적 듣기와 나-메시지 전달법으로 유명한 토머스 고든이 P.E.T.의 핵심 원리를 응용하여 개발한 T.E.T.는 교사도 감정을 지닌 사람이라는 것을 인정해야 한다고 말하면서 문제를 가진 학생에 대한 교사의 대처 방법, 교사가 문제를 안고 있을 때의 대처 방법, 교사와 학생의 가치관이 충돌할 때의 대처 방법 등, 교실에서 적용할 수 있는 구체적인 방법을 제시하고 있다. 갈등 대처에 어려움을 겪는 교사라면 많은 도움을 얻을 수 있을 것이다.

대안학교 길라잡이	민들레 편집실 저	민들레

『대안학교 길라잡이』는 2010년 6월 현재 전국 100여 개의 대안학교에 대한 일종의 자기소개서이다. 아이에게 맞는 학교를 찾고자 애쓰는 부모들과 도움 되는 정보를 알려주고 싶은 선생님, 대안학교에 대해 알아보고 싶어 하는 사람들에게 표지판이 되어 자신에게 맞는 길을 찾는 데 도움이 되도록 했다. 부록으로 학제별·지역별 찾아보기를 덧붙였다.

생각의 탄생	로버트 루트번스타인	박종성

삼성경제연구소 선정 'CEO가 휴가 때 읽을 책 선정'
이건희 회장이 탐독 중인 책 (파이낸셜 뉴스 보도)
KBS 'TV 책을 말하다' 방영
레오나르도 다빈치, 아인슈타인, 파블로 피카소, 마르셀 뒤샹, 리처드 파인먼, 버지니아 울프, 제인 구달,
스트라빈스키, 마사 그레이엄 등 역사 속에서 뛰어난 창조성을 발휘한 사람들이 과학, 수학, 의학, 문학,
미술, 무용 등 분야를 막론하고 공통적으로 사용한 13가지 발상법을 생각의 단계별로 정리한 책.
역사상 가장 위대하다고 손꼽히는 천재들이 자신의 창작 경험을 통해 '생각'에 대해 어떻게 생각했으며
또한 생각하는 법을 어떻게 배웠는지 구체적으로 설명해준다.
그들의 발상법을 관찰, 형상화, 추상, 패턴인식, 패턴형성, 유추, 몸으로 생각하기, 감정이입, 차원적 사고,
모형 만들기, 놀이, 변형, 통합 등 13단계로 나누어 논리 정연하게 설명하고 직관과 상상력을 갈고 닦아
창조성을 발휘하는 방법 또한 구체적으로 제시하고 있다.

💬 K-MOOC 추천 동영상

함께하는 장애탐험

| 대구대학교
2020/03/16 ~ 2020/06/26

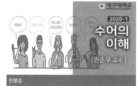

수어의 이해

| 대구대학교
2020/03/16 ~ 2020/06/26

장애, 체육을 만나다: 장애인체육 제대
로 알기
진주연 | 서울시립대학교
2020/03/17 ~ 2020/07/03

💬 KOCW 추천 동영상

특수교육학개론 ▶ 🎞
계명대학교 | 최진오 | 2011년 2학기
본 강의는 특수교육과 특수아에 대한 다양한 특성과 지도이론을 탐색함으로써 수강생들이 추후 교육현장에서 특수아들을 통합 지도하는데에 있
어 필요한 지식과 기술을 습득하도록 도움을 주는데에 그 목적을 둔다.구체적으로 본 강의는(1...
🎬 차시보기 🎬 강의닫기

청각장애아교육 ▶
인제대학교 | 유은정 | 2019년 2학기
청각장애의 발생 원인, 청각장애가 있는 아동의 심리·사회적 및 교육적 요구 등을 이해하고, 청각장애 아동 지도에 효과적인 교수방법을 익히는 것이다.
🔲 차시보기   📥 강의담기

수학교육학을 위한 추천도서와 동영상

추천도서

도서명	저자명	출판사
수학 공부 이렇게 하는 거야 상·중·하	일본수학 교육협의회	경문사

수학의 참 재미를 찾아주는 「수학 오디세이」 제27권 『수학공부 이렇게 하는 거야』 상권. 수학을 공부하면서 한번쯤은 가질 "왜?"라는 의문을 해결해준다. 수학에서 끊임없이 일어나는 질문과 그에 대한 해답을 알려줌으로써 생각의 발상과 문제에 접근하는 우리 사고의 틀을 바꿔주고 있다.

수학의 오솔길	이정례	수학정원

『수학의 오솔길』은 스토리텔링 수학책이다. 생활 속의 수학을 중심으로 수학사, 집합과 논리, 대수학, 해석학, 기하학, 위상수학, 확률론과 통계학, 그리고 현대수학에 이르기까지 수학의 세계를 구석구석 탐구한다. 각 이야기마다 살펴보기와 생각열기로 들어서서 산책한 후, 흥미로운 이야기를 들려주는 구조로 되어 있다.

어느 수학자의 변명	G.H.하디, 정회성 역	세시

라마누잔을 발굴한 고독한 한 수학자의 빛나는 증언!
『어느 수학자의 변명』은 20세기 초 영국의 대표적인 수학자로 수학 개념의 현대적인 엄밀성을 도입하는데 선도적인 역할을 하며 뛰어난 업적을 남긴 고드프레이 헤롤드 하디가 만년에 저술한 회고록 형식의 책이다. 1부터 29까지의 번호로 구성된 짧은 글들의 모음이지만 마치 수학적 정리를 연상시키는 듯 간결하게 정선된 용어로 진술되어 있다. 하디에게 수학의 핵심은 심미적 아름다움이었다. '나는 수학에 흥미를 갖지만 그것은 창조적 예술로서의 수학이다.'라는 그의 말처럼 끊임없이 수학을 예술과 비교한다. 진정한 수학의 의미와 수학의 가치를 전문 수학자의 입장에서 말하는 있는 그의 주장을 볼 때면 이 책은 학문에 대한 진지한 태도와 수학에 대한 깊은 애정, 사물에 대한 예리한 분석을 발견할 수 있게 된다.

유추를 통한 수학 탐구	한인기 외	승산

수학을 탐구하는 중요한 방법 중 하나인 유추를 소개하고 이를 통해 창의적으로 문제를 해결하는 과정을 설명한 책. 실제 학생들을 지도하는 데 도움이 되도록 구체적인 예제를 수록했으며, 각 예제들이 큰 흐름 속에서 유기적으로 연결되도록 구성했다.

페르마의 마지막 정리	사이먼 싱, 박병철 역	영림카디널

350년 만에 풀린 역사상 최대의 수학 난제!!

$x^n + y^n = z^n$; n이 3 이상의 정수일 때, 이 방정식을 만족하는 정수해(x, y, z)는 존재하지 않는다. 17세기 프랑스의 아마추어 수학자 피에르 드 페르마가 디오판토스의 저서 《아리스메티카》에 남긴 이 한마디에 지난 350여 년간 수학자들은 혹독한 시련을 겪어야 했다. 그 누구도 이 '증명'을 재현하지 못했기 때문이다. 그러나 영국의 수학자 앤드루 와일즈가 이를 증명하는 데 성공하였다.

앤드루 와일즈의 소년 시절, 시골 도서관에서 이 '정리'와 처음 접하면서 그것을 증명하기로 마음먹었고 포기하지 않았다. 마침내 그의 꿈은 40대에 실현되었다. 『페르마의 마지막 정리』는 피타고라스 시대부터 '수학의 아름다움'에 미쳐버린 사람들의 꿈을 한 편의 '드라마'로 엮어놓은 기록이다. 수학과 친하지 않더라도 '페르마의 마지막 정리'가 가지고 있는 역사와 명멸해 간 수학 천재들의 치열한 삶을 흥미롭게 풀어놓았다.

💬 K-MOOC 추천 동영상

수학사

허민 | 광운대학교
2020/03/01 ~ 2020/06/28

4차 산업혁명과 수학

| 충남대학교
2020/03/02 ~ 2020/06/19

💬 KOCW 추천 동영상

수학교육의 패러다임을 바꾼다! 천재 개발자 김서준 대표 ▶
YTN SCIENCE ┃ YTN SCIENCE
듣기만 해도 어려운 물리와 관련 있는 오늘의 강연자! 게다가 MC도 포기한 수학 관련 사업? 어려운 수학을 확 잡는 수학 교육프로그램 개발! 수학 교육프로그램 개발! 김서준 대표의 이야기 지금 시작합니다!
▣ 차시보기　┗ 강의담기

아서 벤자민의 수학교육 변화를 위한 공식 ✏
TED ┃ Arthur Benjamin
많은 사람들이 수학선생님께 "미적분을 실생활에서 제가 정말 쓸 일이 있을까요?"라고 묻는다. 아서 벤자민은 우리 대부분에게 있어 그 대답은 "아니오"라고 말한다. 디지털 시대에 걸맞게 수학 교육을 어떻게 바꿀 수 있을지에 대...
▣ 차시보기　┗ 강의담기

영어교육학을 위한 추천도서와 동영상

💬 추천도서

도서명	저자명	출판사
레드카드 대한민국 영어공부	송봉숙	부키

영어 교사로 녹슬어 가는 영어 실력을 쌓아야겠다는 마음으로 20년 경력 현직 영어교사가 뒤늦게 유학을 떠났다. 마흔둘의 나이에 미국에서 배운 건 바로 영어를 가르치고 배우는 새로운 시각이었다. 그 중에는 당장 한국으로 달려가 죽자 살자 영어와 씨름하고 있는 아이들에게 가르쳐 주고 싶은 것이 있었다. 원어민이 될 수 없는 아이들에게, 학부모들을 비롯해 영어를 가르치고 공부하는 모든 사람들에게 큰 소리로 알려 주고 싶은 이야기를 담아냈다.

미국생활과 문화탐방	알리슨 라니에	동인

『미국생활과 문화탐방』은 문화소통이라는 목표를 충실히 달성할 수 있을 것을 확신한다. 여기에서 말하는 문화소통이란 단지 언어의 소통을 넘어서 본토인이 가지고 있는 생활상에서 묻어 나오는 그들의 의식구조를 이해하는 것이다. 그리고 그들의 내면에는 어떠한 사고가 내재되어 있는지 파악하는 고급 수준의 소통을 말한다.
대학의 영어 관련 학과 학생들의 미국문화교재로도 손색이 없을 것이다. 물론 미국에 관심을 가지고 있으며, 미국과 통상무역 또는 업무를 수행하는 사람으로서 미국인의 유형 또는 무형의 정보를 알고자 하는 모든 이들에게도 훌륭한 정보를 제공해 줄 수 있을 것이다.

가르칠 수 있는 용기	파커 J. 파머 저	한문화

교육지도자이자 사회운동가인 파커 J. 파머의 교육 에세이집이다. 교사의 내면적 생활을 탐구하고, 사회적인 질문을 제시한다. 개인과 집단의 생존 및 삶의 질에 중요한 문제인 가르침과 배움에 관한 다양하고 깊은 통찰을 담았다. 출간 10주년을 맞아 그동안 교육개혁 운동의 성과들을 담아 증보판으로 출간했다.

교사와 학생 사이	하임 G. 기너트 저	양철북

하임 기너트의 교육 심리학 '우리들 사이' 시리즈 제3권. 〈부모와 아이 사이〉, 〈부모와 십대 사이〉와 함께 세계적인 베스트셀러가 되었던 '우리들 사이' 시리즈는 1980~81년 종로서적을 통해 처음 국내에 소개된 이후 20여 년 만에 새롭게 복간된 것이다.

〈교사와 학생 사이〉는 어떤 의미에서 하임 기너트 박사의 모든 책들을 요약한 것이다. 이 책은 교사나 부모들에게 먼저 아이들의 마음을 사로잡음으로써, 아이가 배움에 대해 마음을 열 수 있도록 도와주고, 거절의 언어가 아닌 인정의 언어를 통해 아이를 인격적으로 키울 수 있는 '특별한 기술'을 알려준다.

'가르침에는 인격도 필요하지만 특별한 기술'이 필요하다는 주장은 이 책의 처음부터 끝까지 흐르는 주요 논지다. 이 책은 학교 관리자들과의 문제 및 교실에서 부딪치는 문제를 심도 있게 살피면서 그에 인격적으로 대처하는 방법과 심리적인 문제들을 해결하는 방법을 일러준다.

교사, 수업에서 나를 만나다	김태현 저	좋은교사

현직 교사이자 수업 코칭의 전문가로서 많은 교사들의 수업을 함께 보고 이야기를 나누어 온 김태현 저자의 신작. 그간 저자가 지켜본 교사들의 수업은 대부분 교사의 내면적 두려움으로 인해 끊임없이 흔들리고 있었다. 관리자, 학부모, 학생, 이 모든 존재가 교사에게는 두려움을 안겨 주는 대상이었고, 그 속에서 교사는 자신이 의도한 수업을 끝까지 밀고 나갈 수 있는 힘을 상실한 채 괴로워할 뿐이었다.

그는 이러한 인식을 바탕으로 저자는 지금 교사들에게 진정으로 필요한 것은 '위로'와 '성찰'임을 깨닫게 되었다. 칭찬과 격려보다는 손가락질에 익숙해져 버린 교사들의 지친 내면을 일으켜 세우는 것, 자신의 수업을 제대로 살펴보는 '성찰'의 시간을 통해 수업의 진짜 모습을 들여다보며 수업 개선의 방향을 모색하는 작업, 진정한 수업 개선의 열쇠는 바로 이러한 '수업 성찰'임을 저자는 이야기한다.

💬 K-MOOC 추천 동영상

영국에 영어는 없었다

김동섭 | 수원대학교
2020/03/16 ~ 2020/07/03

그림으로 읽는 영미문학

강옥선 | 동서대학교
2020/03/16 ~ 2020/06/28

영어, 일단패(턴과)구(조를)보자

윤규철 | 영남대학교
2020/03/02 ~ 2020/06/15

💬 KOCW 추천 동영상

영어교육론 🔼

서울과학기술대학교 | 강동호 | 2013년 2학기

본 강좌는 외국어 학습 이론을 공부하는 것이 주된 목적이다. 구체적인 목표는 (1) 모국어 및 제2언어의 발전단계와 학습 환경, (2) 개인차와 제2언어학습의 연관성, (3) 행동주의자, 생득론자, 인지주의자, 사회문화론자의...

📺 **차시보기** | 📥 **강의담기**

영미소설과 영어교육 ▶️

건국대학교 | 박재열 | 2014년 1학기

Course Description: In this course, we will read three English novels which were created, consumed, and widely enjoyed in the...

📺 **차시보기** | 📥 **강의담기**

교사는 다큐멘터리에서 다루는 내용이 가짜임을 밝히며
"내가 교사라고 해서 신뢰하지 마라. 모든 정보가 사실을 어떻게 왜곡하는지
스스로 능력을 길러 구분해야 한다"고 강조했다. 이처럼 미디어 리터러시 교육은 학생들이 스스로
미디어 사용에 대한 점검과 분별력을 키울 수 있도록 해야 한다.

PART
4

교대 면접 기출문제
분석으로 배우는 교육 시사

가상현실(VR)

공감능력 향상을 위한 가상현실 관련 기출문항 예시

➡ 제시문

'공감능력 향상을 위한 가상현실(VR) 프로그램' 개발에 대한 자료를 제작하여 발표하시오.

[프로그램의 성격]

• 이 프로그램은 청소년을 위한 교육 프로그램이다.– 이 프로그램은 하나의 대상을 정하여 그 대상에 대한 청소년의 공감능력을 향상시키는 것을 목적으로 한다. 다만, 그 대상의 종류와 범위에는 제한이 없다.
• 이 프로그램을 개발하는 데 기술적 제약은 전혀 없다고 가정한다.

[과제수행지침]

• 발표 자료는 제공되는 필기구와 용지를 사용하여 자유롭게 작성하되, 다음의 [조건]을 반드시 포함해야 한다.

　[조건]
　– 프로그램 제목
　– 공감대상 및 선정이유

– 프로그램 개발의 목적

– 프로그램의 진행과정

Q 발표 시에는 프로그램의 전반적인 진행과정을 제시하되, 자신이 개발한 프로그램의 특징을 가장 잘 보여줄 수 있는 내용을 선택하여 집중적으로 설명하시오. 발표 방법은 제한이 없으며, 5분 발표 / 5분 질의응답 시간을 갖는다.

가상현실 관련 배경지식

5G 덕분에 최대 20Gbps 속도로 대용량 콘텐츠가 전송되어 VR 생방송이 가능한 시대이다. 정부는 우리 사회 전반에 5G를 전면적으로 융합해 4차 산업혁명 선도국가를 위한 전략을 발표했다. 이 중 극대화된 몰입감과 사실감을 바탕으로 '실감콘텐츠'가 10대 핵심산업으로 선정되었다.

['혁신성장 실현을 위한 5G+ 전략'에서 선정한 10대 핵심산업]

스탠포드대학교 Jeremy Bailenson 교수에 따르면 실감콘텐츠는 몰입감, 상호작용, 지능화 등 그 특징에 따라 고위험(Dangerous), 체험불가(Impossible), 고대가성(Counter-productive), 고비용(Expensive) 분야에 활발하게 적용될 것을 예상하고 있다.

실감콘텐츠 적용 유망 분야			
고위험 (Dangerous)	체험불가 (Impossible)	고대가성 (Counter-productive)	고비용 (Expensive)
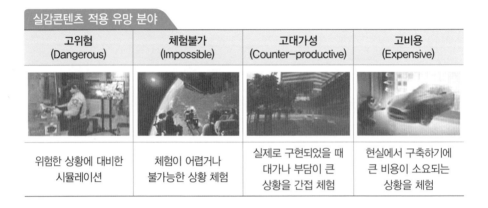			
위험한 상황에 대비한 시뮬레이션	체험이 어렵거나 불가능한 상황 체험	실제로 구현되었을 때 대가나 부담이 큰 상황을 간접 체험	현실에서 구축하기에 큰 비용이 소요되는 상황을 체험

[실감형 교육의 학습효과]

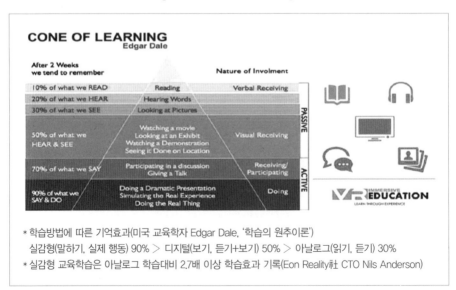

* 학습방법에 따른 기억효과(미국 교육학자 Edgar Dale, '학습의 원추이론')
  실감형(말하기, 실제 행동) 90% > 디지털(보기, 듣가+보기) 50% > 아날로그(읽기, 듣기) 30%
* 실감형 교육학습은 아날로그 학습대비 2.7배 이상 학습효과 기록(Eon Reality社 CTO Nils Anderson)

이러한 실감콘텐츠는 학습자가 학습내용에 몰입하게 도움을 주며, 주도적·능동적 학습을 유도할 수도 있으며 학습내용을 체화해 교육효과를 높일 수 있다.

국내에서는 교육부가 '자율주행자동차', '화성탐사로봇' 등 VR콘텐츠를 개발해 2017년부터 시범 운영해오고 있으며 사회, 과학 등 교과연계 콘텐츠와 자유학기 맞춤형 진로체험 콘텐츠를 30종 이상 개발해 2020년부터 보급할 계획을 가지고 있다.

[디지털교과서 예시]

중학교 사회1 소중한 우리 영토, 독도	중학교 사회2 심장과 온몸에서의 혈액순환

참고 : VR·AR을 활용한 실감형 교육 콘텐츠 정책동향 및 사례 분석, 정보통신산업진흥원

다문화

다문화 학생 가정통신문 관련 기출문항 예시

➡ 제시문

다문화 학생들이 많은 서울S초등학교 체험학습을 안내하는 가정통신문을 발송할 예정이다. 담당 교사는 베트남, 중국, 일본 배경의 다문화 학생들을 위하여 한국어를 포함한 4개 언어로 가정통신문을 작성하였다.

김 교사 : 다문화 학생 부모님을 위해서는 그 분들의 모어(母語)로 가정통신문을 보내주는 것이 좋을 것 같아요.

박 교사 : 아휴… 왜 그렇게 번거로운 일을 하는지 모르겠어요. '로마에 가면 로마의 법을 따르라.'는 말도 있잖아요. 한국 사회에서 살기로 했으면 당연히 한국말을 해야죠.

김 교사 : 그것도 맞는 말씀이지만….

박 교사 : 우리말을 배워야 한국 문화에 동화될 수 있어요. 그래야 직업도 얻고 안정된 생활을 할 수 있게 되잖아요.

김 교사 : 네… 선생님 말씀도 일리가 있는데, 문화의 다양성도 고려해야 하지 않을까요?

박 교사 : 문화의 다양성을 지나치게 인정하다 보면 한국 문화의 고유성을 읽어버리게 될 거예요.

Q 위 대화에 나타난 박 교사의 관점이 지닐 수 있는 문제점을 설명하시오.

Q 다문화 사회의 시민으로서 갖추어야 할 태도를 제시하고, 그 이유를 설명하시오.

다문화 학생 관련 배경지식

국제결혼가정의 증가와 외국인 노동자들의 지속적인 유입으로 현재 우리나라는 다문화 사회가 되었다. 초·중·고교에 재학 중인 다문화가정 학생의 수가 5만 명이 넘은 통계자료도 있다. 국제결혼가정, 외국인근로자가정으로 시작해 지금은 북한이탈가정, 동반/중도입국 가정 등 다양한 다문화가정 학생과 학부모님들이 있다. 실제 학교현장에서 어떤 어려움이 있고 다문화 학생을 맡고 있는 교사는 어떻게 상담과 지도를 해야 하는지 몇 가지 사례를 통해서 알아보겠다.

국제결혼 가정 학생 및 학부모 교육상담-언어 및 학습
'안내장이 어려워요.'

상담요청 : 학교 담임선생님께서 그러시는데 아이가 준비물을 가지고 오지 않아서 학습활동에 참여하기 힘들다고 전화를 하셨습니다. 저는 한국어를 듣고 말할 줄만 알지 안내장을 주셔도 읽을 수가 없습니다. 어떻게 하면 준비물 준비를 도울 수 있을까요?

교육상담 : 다문화가정의 학생들이 학교 입학·취학 초기에 학습준비물을 챙겨오는 것이 어려운 경우가 많습니다. 어머니께서 담임교사와 연계하여 필요한

준비물을 연락받는 것도 좋습니다. 담임선생님께서 핸드폰으로 준비물의 이미지를 찍어서 보내주시면 어머께서 전송받은 이미지를 가지고 마트나 문구점에 가서서 해당 물품을 구매하시는 방법도 있습니다. 운동회와 현장체험학습, 수련활동, 야영 등에는 특별한 활동과 관련이 있는 핵심적인 준비물이 있습니다. 미리 선생님께 이미지와 수량이 표기된 안내장이나 번역본을 요청하셔서 자녀의 준비물을 잘 챙겨주시는 것도 자녀의 참여도를 높일 수 있습니다.

교육상담 활용자료 〈다문화가정 학부모님이 읽기 쉬운 안내장〉

안내장을 이해하기 쉽게 보내주세요. 체험학습, 운동회, 야영, 학교행사 관련된 낱말을 인터넷에서 모은 그림과 함께 안내장으로 제작하여 각 가정으로 보내고 있습니다. 외국인근로자가정 학생이나 북한이탈가정의 학생이 한국가정의 학생들처럼 스스로 준비물을 챙겨오는 데 탁월한 효과가 있었습니다. 행사 취지와 낱말의 의미와 정확하게 부합하는 그림, 즉 학생이 이해하기 쉬운 그림을 찾는 것이 가장 중요합니다.

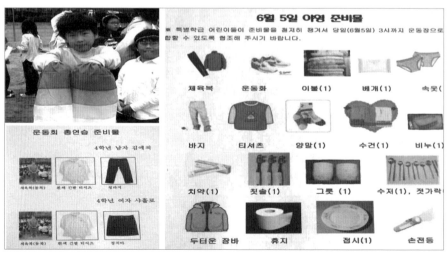

출처 : 살아있는 다문화교육 이야기

외국인근로자 가정 학생 및 학부모 교육상담–심리 및 생활
'한국 사람으로 다시 태어나고 싶어요.

상담요청 : 우리 가족은 네팔에서 왔습니다. 한국학교에 다니고 있는 11살된 딸아이는 네팔이라는 말만 들어도 손사래를 치며 싫다고 말합니다. 다시 태어난다면 한국 사람으로 태어나고 싶다고 하는데, 어떻게 지도해야 할까요?

교육상담 : 상대적으로 한국보다 경제적으로 낙후된 국가에서 온 학생들이 물질적 풍요를 누리면서 갖게 되는 감정입니다. 우선 학생에게 모국보다 한국이 좋은 이유를 충분히 말할 수 있는 기회를 주고, 부모님께서는 경청해 주시는 것이 좋습니다. 학생의 행복의 기준이 '경제적인 부'였다면 보다 다양한 행복의 기준을 찾는 활동을 제시해 보는 것이 좋습니다. 보다 넓은 시야를 갖고, 관심사를 넓힐 수 있도록 세계 각국의 다양한 삶의 모습을 함께 탐색해 보는 활동도 도움이 됩니다. 이러한 활동은 학생이 보다 정신적으로 풍요로운 삶을 누리는 데 큰 도움이 될 것입니다. 그리고 모국에 대한 거부감은 부모님을 대하는 태도에도 고스란히 영향을 미치게 되오니 자신의 가치관이 형성되는 사춘기가 되기 전, 모국에 대한 자부심을 지닐 수 있도록 모국의 역사, 인물, 자연 환경 등에 대한 학습이 가정에서도 병행될 수 있도록 지도 바랍니다.

교육상담 활용자료 〈자녀와 함께 다문화도서관에서 꿈을 넓혀요!〉
다문화 어린이 도서관 '모두'를 소개합니다!
– 소개 : 다양한 문화가 어울려 모두가 되는 세상을 꿈꾸는 도서관입니다.
– 제공 언어 : 네팔, 몽골, 러시아, 방글라데시, 베트남, 이란, 인도네시아, 일본, 중국, 태국, 필리핀, 한국의 도서 2만여 권이 비치되어 있습니다.

- 문의 : http://www.modoobook.org, T 02-965-7530

지역별 다문화 어린이 도서관 '모두'

지역	주소	연락처
서울	서울시 동대문구 이문동 335-2층	02-965-7530
창원	경남 창원시 팔용동 152-7 경남이주민사회센터 1층	055-256-8773
부산	부산시 영도구 청학2동 64-2번지 2층	051-412-0511
구미	경북 구미시 형곡동 377번지 1층	054-443-0543
대구	경북 대구 남구 봉덕3동 624-14번지 2층	053-471-4250
충주	충북 충주시 연수동 1454번지 2층	043-853-2253
안산	경기도 안산시 단원구 원곡동 원본로 15	031-494-3578

참고 : 교사를 위한 다문화가정 학생과 학부모 교육상담 매뉴얼, 경기도교육청

노키즈 존(No Kids Zone)

노키즈 존 관련 기출문항 예시

노키즈 존(No Kids Zone)은 영유아 또는 어린이를 동반한 고객의 출입을 제한하는 식당, 카페, 극장 등의 영업점을 의미한다. 최근 논란이 되고 있는 노키즈 존의 운영에 대한 찬성과 반대 근거를 각각 제시하고, 이 상황에 대한 합리적인 해결방안을 논하시오.

노키즈 존 관련 배경지식

노키즈 존(No Kids Zone)이란 '아이를 동반하고 입장할 수 없는 공간'을 의미한다. 한국에서 노키즈 존은 강남, 홍대 등 상업지구의 카페나 음식점에서 시작하여 다른 지역으로 확산되었다. 이 현상은 아동과 여성의 혐오현상으로 변질되었고 이러한 사회현상을 어떻게 생각해야 하는지 많은 점을 시사하고 있다. 현재 노키즈 존 관련 선행연구가 거의 부재하지만 서울대학교 인권센터, 한양대학교 평화연구소 등에서 학생을 비롯해 교수들의 연구가 있다. 2017년 국가인권위원회는 식당에서 아동이나 아동을 동반한 손님의 출입을 금지한 것은 아동을 차별하는 행위라고 판단했다. 인권위는 상업시설의 운영자들은 최대한의 이익 창출을 목적으로 하고 이들에게는 헌법 제15조에 따라 영업의 자유가 보장되고 있으나, 이 같은 자유가 무제한적으로 인정되는 것은 아니며, 특히 특정 집단을 특정한 공간 또는 서비스 이용에서 원천적으로 배제하는 경우 합당한 사유가 인정돼야 한다고 봤다.

참고 : 국가인권위원회 보도자료

유튜브 사용 관련 기출문항 예시 1

➡️ 제시문

한 앱 분석업체에 따르면 우리나라 스마트폰 이용자들의 유튜브 사용시간은 289억 분으로 카카오톡이나 네이버 사용시간을 제쳤을 만큼 요즘은 유튜브 전성시대라고 할 수 있다. 정치인이나 연예인은 물론 일반인도 유튜브에 채널을 개설하여 자신의 의견을 개진하고 사람들과 소통하며 취미를 공유하기도 한다. 유튜브를 통해 누구나 자신만의 콘텐츠를 생산할 수 있게 된 것이다. 그런데 유튜브를 가장 많이 사용하는 세대는 초등학생을 포함한 10대이며, 이들이 주로 시청하는 것은 게임영상이나 자신이 좋아하는 아이돌 영상인 것으로 알려져 있다. 유튜브를 안 보면 친구들과 대화가 통하지 않을 정도로 요즘 초등학생들 사이에서는 유튜브의 영향력이 매우 크다. 이러한 상황에서 유튜브의 순기능과 역기능에 대한 다양한 논의가 활발히 이루어지고 있는데, 유튜브에 대한 강력한 규제를 해야 한다는 주장도 있는 반면 그와 상반되는 견해도 있다.

Q 유튜브와 같은 새로운 인터넷 플랫폼이 초등학생에게 미칠 수 있는 순기능과 역기능을 교육적 측면에서 각각 두 가지 제시하고, 역기능을 해결 또는 보완할 수 있는 교육적 방안을 두 가지 제안하시오.

유튜버 직업 관련 기출문항 예시 2

➡️ 제시문

교육부와 한국직업능력개발원이 발표한 '2018 초·중등 진로교육 현황조사' 결과에 따르면 지난해 대비 새로운 직업이 다수 등장하고 학생들의 희망직업이 구체화된 것으로 집계되었다. 초등학생 희망직업 1위는 9.8%로 운동선수가 꼽혔다. 오랫동안 1위를 차지했던 교사는 8.7%를 기록해 2위로 밀려났다. 이번 조사에서는 초등학생의 경우, 유튜버가 희망직업 5위(4.5%)에 처음 올랐다.

그런데 초등학생들 사이에서 유튜버가 장래희망이 될 정도로 높은 인기를 자랑하지만 초등학생들을 위한 안전장치가 미흡한 것으로 지적되고 있다. 실제로 초등학생을 포함한 청소년들은 폭력적이고 선정적인 영상에 노출되고 있는 것으로 나타났다. 방송통신위원회가 조사한 2017년 사이버폭력 실태조사 결과를 보면 초·중·고 조사대상 학생 4,500명 가운데 26.3%가 유튜브를 통해 유해 영상물을 시청한 경험이 있는 것으로 조사되었다. 시청 유해 영상물 종류로는 폭력적이고 잔인한 영상이 20.5%로 가장 많았다. 이어 선정적 내용의 영상이 12.2%, 유명인 비방 내용이 10.6%, 청소년 불법 행동 내용이 5.7%, 거짓 광고 및 돈거래 영상이 4.2%였다.

Ⓠ 위의 제시문을 읽고 초등학생들이 미래 희망직업으로 유튜버를 선호하는 이유를 말하고, 교사가 학생들을 올바른 유튜버로 성장시키기 위하여 해야 하는 노력이 무엇인지 제시해보시오.

인터넷 및 스마트폰 사용시간에 따른 욕설 관련 기출문항 예시 3

➡ 제시문

우리나라 청소년들의 90% 이상이 일상대화에서 욕설을 사용하고 있으며, 이 중 절반 이상의 학생들은 초등학교 때 친구로부터 처음 욕설을 배우는 것으로 나타났다. 초등교사들이 이러한 실태를 체감하면서 생활지도를 해보려 하지만 효과는 미온적이다. 인터넷 및 스마트폰의 보편화로 과도한 욕설이나 비속어가 포함된 동영상 또는 개인방송에 쉽게 노출되면서, 초등학생들은 욕설이나 비속어의 뜻도 잘 모르는 채 무의식적으로 따라하는 등 욕설 사용이 심각한 수준이다. 동영상 또는 인터넷상에서의 욕설이나 비속어 사용에 대한 제재의 목소리가 높지만, 표현의 자유 침해 논란으로 법적 규제도 쉽지 않다.

Q 초등학생들의 욕설 사용에 영향을 주는 요인을 세 가지 제시하시오. 그리고 욕설 사용 문제를 해결하기 위한 방안을 세 가지 제안해보시오.

유튜브 관련 배경지식

인터넷 콘텐츠 가운데 가장 아이들이 영향을 많이 받는 건 '1인 방송'이라고 불리는 MCN(Multi Channel Network, 다중채널네트워크)이다. 아직 뉴미디어에 대한 미디어 리터러시 방법은 체계적으로 정립되지 않았다. 그런 가운데 김자영 동신초등학교 교사의 사례는 주목할 만하다. 미디어에 대한 비판적 시각과 분별력을 키우는 미디어 리터러시를 인터넷 방송에 확대 적용한 예이기 때문이다. 초등학교 5학년 국어 교과목에는 '매체로 의사소통해요'라는 단원이 있다. 김

교사는 이 단원을 교육할 때 인터넷 방송을 소재로 활용했다. 인터넷 방송서비스 로고를 보여주고 아이들에게 어느 회사로고인지 묻고 답하는 방식으로 어떤 서비스를 이용하고, 그 서비스를 어떻게 평가하는지 파악하였다. 또한 인터넷 방송의 장점과 문제점을 다룬 여러 신문, 방송 기사를 읽고 인터넷 방송의 '좋은 점', '나쁜 점', '흥미로운 점'을 정리하게 하면서 스스로 고민하게 했다.

미디어 교육 선진국으로 불리는 핀란드의 경우 언론 수업 때 '학교 이미지를 실추하는 콘텐츠 제작하기'를 과제로 준다. 학생들은 학교에 쓰레기를 합성하고, 저질스러운 음식을 학교 급식이라고 왜곡한다. 황당한 과제 같지만 속고 속이는 게 얼마나 쉬운지 직접 경험하게 하는 차원의 교육이다. 다큐멘터리 수업에서는 페이크 다큐멘터리를 틀어주고 학생들에게 해당 사안에 대해 토론하게 했다. 교사는 "이걸 왜 보여주는지 맞추는 사람에게 선물을 주겠다"고 했다. 아이들이 정답을 맞히지 못하자 교사는 다큐멘터리에서 다루는 내용이 가짜임을 밝히며 "내가 교사라고 해서 신뢰하지 마라. 모든 정보가 사실을 어떻게 왜곡하는지 스스로 능력을 길러 구분해야 한다"고 강조했다. 이처럼 미디어 리터러시 교육은 학생들이 스스로 미디어 사용에 대한 점검과 분별력을 키울 수 있도록 해야 한다.

참고 : 유튜브 시대, 미디어 교육 어떻게 해야 하나 – 한국콘텐츠진흥원

로봇세(Robot tax)

로봇세 도입 관련 기출문항 예시

➡️ 제시문

미래 사회에는 로봇과 인공지능이 인간의 직업과 노동을 상당 부분 대체하게 될 것이라는 전망이 있으며, 예상되는 문제를 해결하기 위한 다양한 방안이 모색되고 있다. 2017년에 빌게이츠는 인간의 일을 대체하는 로봇의 노동에도 세금, 즉 로봇세를 부과해야 한다고 주장하였다. 그들의 주장은 "로봇을 통해 새로운 부를 창출한다면 세금을 부과할 수 있고, 이러한 세금을 로봇으로 인해 실직한 사람들을 위한 복지와 이를 포함한 보편적 복지, 그리고 새로운 일자리 창출에 사용하여야 한다."는 것이다. 또한 로봇에도 인격과 시민권을 부여하고자 하는 움직임이 증가하고 있어 로봇세에 대한 찬반 논의가 활발하게 일어나고 있다.

Q 로봇세 도입의 찬반에 대한 자신의 입장을 정하고 이에 대한 논거를 두 가지 제시하시오. 그리고 그에 따라 나타날 수 있는 문제점에 대한 보완 방안을 두 가지 제시하시오.

로봇세 관련 배경지식

'로봇세'는 고난도의 비(非)반복적인 일자리까지 대체할 것으로 예측되는 지능형 로봇에게 세금을 물리자는 아이디어에서 등장했다. 학계와 언론의 관심이 커서 구글에서 로봇세는 1640만 개의 한글 문서가, 영어(robot tax)로는 7430만 개의 문서가 검색된다. 로봇세 부과의 대표적 지지자인 빌 게이츠는 "인간은 일을 하면 그 수입에 비례하는 소득세와 사회 보장비를 내는 것처럼 로봇이 인간의 일을 대신한다면 이에 같은 세금을 매길 수 있다."라고 말했다.

최근 자율 주행 자동차, 무인 주문 결제기 등 로봇을 비롯한 인공지능 기술은 주변에서 흔히 볼 수 있다. 이러한 변화로 로봇과 인간 사이의 일자리 갈등은 이제 가깝게 느껴진다. 찬반 의견 속에서 '로봇세'로 실업자의 재교육 등 현실적인 대안들이 나오고 있다. 앞으로 자동화 혜택을 받는 기업들과 정부의 현실적인 정책이 시급하다고 볼 수 있다.

혐오현상 관련 기출문제 예시

➡️ 제시문

　최근 우리 사회에서는 인종, 성별, 국적, 종교 등의 특정 집단을 대상으로 증오심을 가지고 무차별적으로 막말을 하거나 폭력을 가하는 행동을 하는 등의 혐오현상이 사회 문제로 대두되고 있다. 이러한 혐오현상은 자신이 싫어하는 행동을 하는 집단을 '맘충', '급식충'과 같이 벌레에 빗대어 표현하면서 비하하는 양상으로 일상에서도 쉽게 발견된다. 게다가 단지 여자라는 이유만으로 살인한 사건이나 이주민이라는 이유만으로 폭행한 사건과 같이, 특정집단을 향해 물리적인 폭력을 행사하는 '혐오범죄'로도 나타난다.

Q　혐오현상이 왜 사회적으로 문제가 되는지를 세 가지 제시하시오. 그리고 혐오현상을 해결하기 위한 구체적인 방안을 세 가지 이상 제안해보시오.

혐오현상 관련 배경지식

　2019년 경기도교육연구원 『혐오, 교실에 들어오다』 출간되었다. 사회의 혐오현상이 이제 교실까지 침범한 것이다. 학생들 사이에서 혐오표현들은 하나의 놀이문화가 되어 있으며 특히, 여학생의 외모에 대한 혐오 표현은 일상적인 장난으로 인식되고 있다. 이 책은 누가 왜 교실 안에서 혐오의 대상이 되는지, 혐오 현상의 특성은 무엇인지, 혐오 현상을 경험한 학생들은 이에 어떻게 대응하는지, 학교와 교육 당국은 혐오 현상 극복을 위해 무엇을 어떻게 해야 하는지를 논의하고 있다.

또 하나의 책은 홍성수 작가가 쓴 『말이 칼이 될 때』이다. 국가인권위원회 '혐오표현 실태조사 및 규제방안 연구'에 따르면 성소수자 94.6%, 여성 83.7%, 장애인 83.2%, 이주민 41.1%가 온라인 혐오표현으로 피해를 입은 적이 있다고 말한다. 그 표현은 혐오라고 지적하면 말할 자유를 이야기하고, 남이 말하면 불편해하면서도 자신의 혐오표현은 농담이라고 가볍게 넘어가기도 한다.

집단학살
(Genocide)
해당 집단 구성원
전체에 대한
의도적·조직적인 말살

편견 기반 폭력행위
(Bias-motivated violence)
〈개인〉 살인, 강탈, 폭행, 협박
〈집단〉 방화, 테러, 모독(desecration), 기물파손

차별 (Discrimination)
경제 정치 고용 주거 교육상의 차별, 분리(segregation),
괴롭힘(harassment), 사회적 배제

편견에 의한 개인 차원의 행위
(Individaul Acts of Prejudice)
욕설, 중상적인 별칭(Slurs/epithets), 조소, 사회적 회유, 비인간화, 괴롭힘(bullying)

편견 (Bias)
전형화(stereotyping), 비하하는 농담, 몰이해적 발언, 배타적 언어,
같은 생각을 가진 사람들을 찾음으로써 편견을 정당화, 부정적인 정보를 수용하고 긍정적인 정보를 차단

출처 : 〈말이 칼이 될 때〉 (홍성수, 어크로스) P.84 혐오의 피라미드

교실 안으로 들어오는 차별과 혐오현상

학교는 공공성을 기반으로 하여 모두에게 열려있다는 점에서 평등해 보이지만 다양한 소수자 집단이 함께 교육받고 있으며, 차별로 인한 혐오표현이 쉽게 일어나는 환경이기도 합니다. 학교 안에서 일어나는 교사와 학생 간 그리고 학생과 학생 간의 차별적 행동 및 발언은 오래된 문제입니다. 2016년경부터는 이러한 학교 안 혐오 현상으로 인한 각종 갈등이 언론에 드물지 않게 보도되고 있습니다. 다양한 혐오 발언에 기반을 둔 혐오 문화의 확산과 학생들의 차별양상이 소수자에 대한 혐오 현상으로 확대되어 실제 폭력 문제로까지 나타나고 있습니다. 이와 더불어 최근에는 스쿨미투 운동과 10대 페미니스트의 활동 등 이러한 현상에 대한 10대들과 교사들의 대응도 등장하고 있습니다. 학생들의 또래 문화와 일상은 한국사회에서 일어나는 혐오의 축소판이라 해도 과언이 아닐 것입니다. 이러한 현상이 단발적인 사건 또는 개인의 문제가 아니라 교육 문제의 일부이며, 대안과 대책에 대한 고민이 필요한 문제임을 보여주는 것입니다.

참고 : 교실 멍드는 혐오발언을 멈추려면?_보라이어티

인구 절벽 현상

학령인구 절벽 관련 기출문항 예시

➡ 제시문

① 최근 들어서 언론을 통해서 드러나는 저출산으로 인한 학령인구 절벽은 매우 심각한 수준이다. 유치원, 초·중·고교, 대학교 연령에 해당하는 학령인구는 1995년 1,172만명이었던 수준에서 2015년 875만명으로, 지난 20년 동안 300만여명이 감소한 것으로 나타나고 있다. 특히 초등학교 학령인구 감소가 가장 심각한데 2010년 328만여명이던 초등학교 학령인구는 2017년엔 267만명으로 줄었다. 대학 역시 고교 졸업자가 점점 줄어들면서 2018년에는 고교 졸업자 수가 대입 정원을 밑도는 역전 상황이 벌어졌다.(교육부, 2017, 교육통계서비스) 전체 인구구조에 있어서 절벽이 있다는 사실은 전통적 의미에서 학교교육의 수요자가 급격히 줄어들 것이라는 예측의 근거가 되는 동시에 학교정책과 교육과정 등의 개편과 변화가 요구된다.

② 교육부는 2015년 말 '적정규모 학교 육성과 분교장 개편 권고 기준'을 마련했다. 쉽게 말해 소규모 학교 통폐합 정책이다. 권고 기준에 해당하는 학교 범위는 매우 넓다. 60명 이하 면지역 초등학교, 120명 이하 읍지역 초등학교(중등은 180명), 240명 이하 도시지역 초등학교(중등은 300명)가 해당한다. 이 기준에 따르면 통폐합 대상 학교는 전국 2,747개 초·중·고교에 달한다. 전국 학교 1만

1,809개 초·중·고교의 23.3%에 해당하는 수치로, 5곳 중 한 곳이 문을 닫는 셈이다.(경향신문, 2016.02.10.)

③ 정부와 교육부는 교육재정의 비효율성과 올바른 교육과정 운영에 따른 교육적 효과 등을 이유로 소규모 학교 통폐합의 정당성을 주장한다. 소규모 학교 통폐합 후 적정규모 학교로 육성하여 정상적인 교육과정 운영을 통한 학습의욕 고취는 물론 또래 관계에서 오는 사회적 기술 함양 등 교육적 효과가 배가된 사례가 있다.

④ 일반 시민단체는 소규모 학교에 대한 정부와 교육부의 정치·경제적 논리를 반박하면서, 지역공동체의 구심점과 특성화된 교육에 부합한 소규모 학교를 활성화해야 한다고 주장한다. 농촌의 작은 초등학교가 자율적으로 통합을 이룬 후 조용하고 적막했던 시골이 왁자지껄한 아이들의 웃음소리가 넘쳐나는 활기찬 학교로 거듭난 곳도 있다.

Q 학령기 인구감소가 미래 한국 사회에 미칠 영향에 대해 말하시오.

Q 제시문 ③, ④ 중 하나의 관점을 선택하여 농·어촌 소규모 학교 통폐합 교육정책에 관한 자신의 입장을 밝히고 그에 따른 근거를 제시하시오.

학령인구 절벽 관련 배경지식

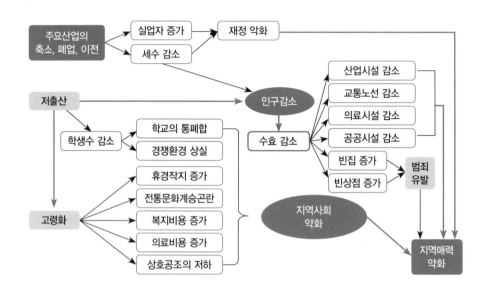

출처 : 인구감소에 의한 지역 상황의 악순환, 심재승

인구 감소에 따른 여러 위험 요소들의 심각성을 고려하면 자칫 교육 문제는 뒷전에 밀리는 것으로 보일 수 있다. 미래 사회에도 공급 과잉에 대한 대응 차원을 공급 조절이라는 관점에서 접근하는 것은 한계가 있을 것이다. 전반적으로 학생 수가 감소하는 것에 비례하여 학교를 통폐합하는 데에도 한계가 있다는 점, 과거와 같은 교육체제, 교육방식이 지속되리라는 전제는 문제가 있다는 점을 지적하지 않을 수 없다. 이러한 것들을 고려할 때 향후 어떠한 고민과 방향 탐색이 필요한지 검토할 필요가 있을 것이다.

인구감소로 인한 효과는 2030년경부터 사회의 거의 모든 부문에서 심각하게 나타날 것이지만, 이미 교육 분야에서는 현실화되고 있다. 최근 수년 동안 출생아 수가 급감하여 왔으며, 학교는 아이들이 가장 먼저 경험하는 사회집단이므로 유·초등 분야를 시작으로 인구감소로 인한 변화가 중등 및 고등 교육 시스템으로 점차 옮겨갈 것이다.

참고 : 인구절벽 시대 교육정책의 방향 탐색, 한국교육개발원

핀란드 교육

핀란드 교육과 우리나라 교육 관련 기출문제 예시

➡️ 제시문

OECD 학업성취도 평가(PISA)에서 상위권을 기록하고 있는 한국과 핀란드의 차이가 밝혀졌다. 공교육 중심의 핀란드는 흥미를 유발하고 자신을 평가하면서 학생들이 스스로 성장하게 도왔다. 국어수업에서는 학생들에게 '자신의 의견 주장하기'를 주제로 수업을 펼쳤다. 학생들은 책을 읽고 자신의 의견을 말하고, 다른 학생들은 이를 경청하고 찬성과 반대로 나뉘었다. 음악수업을 받는 4학년 학생들은 태블릿PC를 이용했다. 대중가요 리믹스라는 주제를 받은 학생들은 어플리케이션을 이용해 음악적 요소인 리듬과 코드를 스스로 만져보며 주어진 매뉴얼 안에서 서로 다른 리믹스를 만들었다.

한 핀란드인은 "우리는 성적으로 비교하는 것이 없으며, 이는 절대평가를 행하기에 가능하다."라고 말했다. PISA에서 상위권에 해당하는 한국과 핀란드, 하지만 핀란드는 일주일 평균 사교육 시간이 단 6분에 불과해 3,6시간에 이르는 한국과는 비교된다. 주입식 교육이 아닌 스스로 발전하면서 성장하는 핀란드의 교육법이 우리에게 안긴 충격은 신선했다.(헤럴드POP, 2017.05.26.)

핀란드 교육의 성공은 핀란드의 역사적, 문화적 경로에 의존한다. 핀란드는 교육의 '표준화'를 거부하고, 개별 학생의 요구와 흥미에 기초한 교수법을 채택하고 있다. 교육과정을 중앙에서 일방적으로 부과하는 것이 아니라 개별학교와 교사에게 높은 자율성을 부여하고 그에 대응하는 책무성을 요구한다. 또 핀란드 교육은 우수한 소수의 학생들만이 아니라 모든 학생들에게 차별 없는 학습과 복지를 제공한다. 이는 교육을 만인평등을 위한 공공서비스로 간주하는 사회적 합의, 높은 조세 부담률에 대한 국민들의 동의에서 가능한 것이다. 또 읽기교육을 강조하는 핀란드의 교육정책은 공공도서관 활성화와 같은 문화적 배경과도 관련된다. 핀란드 학생들은 44%가 공공도서관에서 한 달에 적어도 1회 이상 책을 빌리는 것으로 조사되었는데 이는 OECD 평균 26%보다 현저히 높은 수치이다. (권충훈 외, 핀란드 교육의 성공요인 분석과 논의)

오바마 미국 대통력은 한국의 교육정책을 '좋은 사례'로 들면서 교육의 중요성을 자연스럽게 부각시켰다. 오바마는 "우리 아이들이 한국이나 중국 아이들과 비교해서 뒤지지 않도록 하는 방안을 찾는 게 중요하다."라고 말했다. 오바마 대통령은 "한국과 중국은 1등이 되기 위해 노력하는데, 미국도 1등을 위해 뛰어야 한다."고 주장했다. 오바마 대통력은 평소 한국 학교의 수업 일수가 길고 교육경쟁력이 높다고 찬사를 해왔다. 한국의 교육이 세계적으로 유래 없는 경제성장의 원동력이란 것을 오바마는 인정한 셈이다.(조선일보, 2010.09.30.)

Q 핀란드 교육을 참고해 우리나라 교육의 장점과 문제점에 대해 말해보시오.

Q 우리나라 교육의 문제점을 개선하기 위해 어떤 사회적 노력이 요구되는지 말해보시오.

핀란드 교육 관련 배경지식

교육적 목적에 초점을 둔 융통성 있는 학생평가 운영

핀란드는 시험이 없는 나라로 알려져 있지만 정확하게 이야기하면 시험이 없는 것이 아니라 시험제도를 매우 지혜롭게 운영하는 나라라고 할 수 있다. 핀란드 보통 학교에서 학생들은 1년에 두 차례 성적표를 받게 되는데 학급에서의 성취 수준, 과제활동, 그리고 교사가 수행한 각종 평가에 대한 내용들이 기록되어 있다. 국가교육위원회(National Board of Education, 2014) 지침에 따르면, 학교에서의 평가의 목적은 학생들이 학습 목표를 달성할 수 있도록 도와주며 스스로 계획을 세우고, 선택을 해 나갈 수 있도록 촉진시키는 데 있다.

평가 결과를 공개하는 것은 긍정적인 측면과 부정적인 측면을 함께 가지고 있다. 성취 수준을 확인한다는 점에서는 긍정적이지만, 서열화에 따른 낙인과 점수 향상을 위한 비교육적 대응을 유발할 수 있다는 점에서는 부정적이다. 그런데 핀란드는 참으로 지혜롭게 정책을 추진했다고 본다. 국가차원에서 필요한 성취 수준 점검은 표집 평가를 통해 어느 정도 달성하면서 평가 공개의 부정적인 측면을 막기 위하여 학교별, 개인별 순위는 공개하지 않았다. 이는 평가를 통해 달성하고자 하는 목표는 이루면서 그 부작용을 최소화하는 지혜로운 노력이었던 것이다. 이러한 정책 방향은 각 학교나 교사들로 하여금 점수나 순위 경쟁을 위한 비교육적인 활동에 유혹당하지 않고 교육의 본질에 충실할 수 있도록 해 주고 있다.

시험 위주가 아닌 학생의 사고를 촉진하는 평가

핀란드는 각 학교에서 교사들이 자체적으로 보는 시험뿐만 아니라 한국의 수능에 해당하는 대학입학자격시험, 그리고 각 대학에서 치르는 대학입학시험 모두 객관식이 아닌 주관식, 서술형 시험이다. 객관식 시험 위주라면 학교에서 별도의 문제풀이 시험 준비를 시켜줄 수 있는데 주관식, 서술형 시험 위주이기 때문에 학교에서는 본래의 교육과정과 목표에 따라 충실하게 수업을 진행하면 된다. 그 자체가 시험공부이기 때문이다.

그리고 핀란드 학생들의 경우 공부나 시험공부는 각자 스스로 하는 것으로 인식하고 있다. 따라서 시험공부가 필요한 학생은 학교에서는 학교 공부에 충실하고 학교가 끝나고 집에 돌아가서는 자기주도적으로 계획에 따라 공부한다. 이 과정에서 경쟁이 있는 전공이나 대학을 지원한 학생들의 일부는 비용을 지불하고 사설학원에 다니는 경우도 있으며, 이들은 한국의 학생들만큼 공부하기도 한다.

이와 같이 핀란드에서는 학교에서 보는 시험이나 고등학교나 대학입학 과정에서 보는 시험이나 거의 대부분이 주관식, 서술형 시험이다. 이러한 시험문제는 대체로 단순 암기나 문제풀이 연습을 통해 풀 수 있는 문제가 아니다. 기본 지식에 대한 이해와 함께 평소에 많이 읽어야 하고, 많이 생각해야 하며, 많은 토론을 해야 풀 수 있는 문제들이다. 그리고 사회에 대한 관심과 사회 문제에 대한 인식도 가지고 있어야 풀 수 있는 문제이다. 따라서 이러한 시험에 필요한 역량은 자기 혼자 별도로 문제집을 풀거나 사교육기관에서 문제풀이 연습을 통해 익힐 수 있는 것이 아니다. 수업시간에 적극적인 참여를 통해, 교사 또는 동료학생들과의 깊이 있는 대화와 토론을 통해 익힐 수 있고, 다양한 기관 방문 등 사회와의 접촉을 통해 길러질 수 있는 것이다. 따라서 핀란드 학교에서는 초·중·고등학교 과정 모두에서 사회에 대한 관심과 참여, 사회기관 방문을 중요한 교육과정으로 삼고 있다. 초등학교 과정에서부터 객관식 시험을 지양하고 서술형 시험을 통해 학생들의 사고력을 높이며, 사회에 대한 관심과 참여를 통해 사회 공동체의식과 책임의식을 길러주고 있다.

교사들에게 평가 재량권 부여

핀란드 학교에서 학생평가의 중요한 특징 중의 하나가 교사들에게 보다 넓은 평가 재량권을 부여하고 있다는 것이다. 핀란드 교사들은 학생들을 평가하는 데 있어 상당한 자율권을 가지고 재량껏 학생을 평가하고 있다. 즉 교사들의 평가 전문성을 믿고 철저히 교사들에게 맡기는 것이 핀란드의 접근이라고 할 수 있다. 이에 따라 핀란드 교사들은 전문성과 책임의식을 바탕으로 학생들을 평가하고 있다.

교사들이 창의적이어야 학생들도 창의적일 수 있다. 핀란드에서는 교사들에게 평가와 관련하여 광범위한 자율권을 부여해 줌으로써 창의적인 평가 방법을 개발하여 학생들을 평가하도록 독려한다. 창의적인 교사들에게 배운 학생들이 창의적인 인재가 될 가능성이 더 높다고 믿는 것이다.

반면 우리나라 학교에서 교사들의 학생평가 과정을 보면 제약 요소들이 상당히 많다. 평가방식이 창의적이고 다양하기보다는 획일적이고 형식화되어 있는 것이 우리 학교의 모습이라고 할 수 있다. 이러한 풍토 속에서는 교사들의 창의성이 제약받을 수밖에 없으며, 학생들에게 창의성을 기대하는 것 또한 요원한 일이 될 것이다.

우리나라에서도 교사들을 믿고 교사의 평가 재량권을 좀 더 확대할 필요가 있다. 그 속에서 교사들이 재량껏 창의적인 방법으로 학생들을 평가할 수 있도록 해야 한다. 물론 이렇게 되기 위해서는 교사들의 노력과 전문성 확보가 선결 과제이다.

참고 : 핀란드 학교의 학생평가 특징과 시사점, 서울특별시교육청교육연구정보원

4차 산업혁명

4차 산업혁명 시대 교사와 교육 관련 기출문항 예시

➡ 제시문

교육개혁을 주장하는 정치가나 기업가, 교육운동가들은 교육문제가 한꺼번에 해결될 수 있는 것처럼 얘기한다. 그러나 교육문제는 결코 한꺼번에 해결되지 않는다. 우리가 기대하는 이상적인 교육은 쉽게 이뤄지지 않는다. 교육개혁에 대한 역사적 연구들은 교육의 혁신과 변화는 사회의 변화와 발전속도에 비해 매우 더디다는 것을 보여주고 있다. (중략) 세계 여러 나라에서 이뤄진 교육개혁 연구들은 교육자들의 반성적인 노력이 학교교육의 혁신을 가능하게 했음을 증명하고 있다. 학교장과 교사가 학교교육을 혁신하면서 교육의 위기에 대응하는 주체다. 학교장과 교사가 없는 학교개혁은 불가능하기 때문이다. 우리 교육의 위기를 극복하게 하는 것은 학부모와 학생, 정부로부터 지지를 받는 탁월한 역량을 가진 교원들의 존재와 열정임을 기억해야 한다. (한국교육신문, 2017.05.01.)

교수학습개발센터 이혜정 교수는 서울대 2,3학년 재학생 중에 '두 학기 연속으로 평점 4.0을 넘긴 150명 학생들'을 주요 연구 대상으로 삼고 수업태도나 공부방법, 생활습관, 가정환경 등에 관한 광범위한 인터뷰를 진행하며 이를 영상으로 기록했다. 연구 대상 중 46명의 학생들과 심층면접을 진행했다. 그 결과 학습태도인 필기, 암기, 강의에서 공통적인 키워드를 발견한다. 그것은 놀랍게도 '수업의 내용 자체를 수용적으로 받아들인 것'이다. (중략) 46명의 학생들 중 40명의 학생이 강의 전부를 '토씨 하나 빼놓지 않고' 받아 적는다고 대답했다. 강의를 통째로 녹취한다는 응답도 있었다. 필기로 강의내용을 정리하는 것은 학점을 위해서나 공부를 위해서나 중요한 일이지만, 강의내용 전체를 필기하는 것은 다른 의미로 다가온다. 교수가 말을 시작하면 학생 모두가 받아 적다가 강의를 멈추면 받아 적는 소리도 바로 멈춘다는 대답도 있었다. 여기서 중요한 것은 강의를 '전부' 받아 적는 것이다. 키워드를 중심으로 자신이 내용을 정리해나가는 방식이 아니라, 세세한 부분을 포함해서 강의내용 전체를 받아 적는 것이다.(여성조선, 2016.11.12.)

우리나라 전체 일자리의 절반 이상이 4차 산업혁명에 따라 컴퓨터나 인공지능으로 대체될 가능성이 높은 고위험 직업군에 속한다는 분석이 나왔다. 오호영 한국직업능력개발원 선임연구위원은 15일 내놓은 '4차 산업혁명에 따른 취약계측 및 전공별 영향' 이슈브리프에서 "4차 산업혁명을 견인하는 무인자동차, 3D프린터, 인공지능, 빅데이터 같은 기술혁신이 본격화하고 있다."며 "우리나라 전체 직업군 절반 이상이 일자리 대체 위협을 받게 될 것"이라고 전망했다. (매일노동뉴스, 2017.05.16.)

제4차 산업사회를 살아가기 위한 획기적인 혁명적 대안이 요청된다. 클라우스 슈밥은 〈제4차 산업혁명〉이란 책에서, 칸막이식 사고의 틀을 벗어나 다양한 생태계를 포용 통합하고 협력적이고 유연한 구조를 만들어내고, 공공의 담론을 만들어내야 한다고 주장하며, 관용, 존중, 배려와 연민을 키워나가기 위해서 지역적, 국제적, 국가적 차원의 지속적 협력과 대화를 통하여 인간 중심의 공익을 위한 공동의 책임의식을 키워나가야 한다고 제안하고 있다. (중략) 역시 뇌과학자 김대식은 〈인간과 기계〉란 책에서, 인간이 기계와 같은 삶을 산다면 기계에서 지고 만다. 기계에게 이기기 위해서 인간다운 삶을 살아야 한다. 내가 하는 일이 기계 같다면 살아남을 수 없다. 인간의 유일한 희망은 "우리는 기계와 다르다."란 말을 하고 이를 실천할 수 있어야 한다고 방향을 제시하고 있다.(허핑턴포스터, 2017.07.02.)

Ⓠ 4차 산업혁명 시대를 준비하고자 하는 노력들이 각 분야에서 일어나고 있다. 교육계도 변화에 자유로울 수 없다. 변화에 대처하기 위하여 초등교육은 어떠한 준비를 해야 하는가?

Ⓠ 4차 산업혁명 시대에 교사는 어떻게 변해야 하는지, 가장 우선적으로 변해야 하는 것 한 가지를 제시하고 그 근거를 제시하시오.

4차 산업혁명 시대 교사와 교육 관련 배경지식

다양한 IT 융합 신기술을 적용한 교육용 도구(디지털교과서, AR/VR, 3D 프린터, 로봇, 드론 등)를 활용한 수업이 계속 연구되고 있다. 다양한 기술을 학습내용, 학습방법과 연계한 수업활동 아이디어를 생성해 본 후, 학습자의 미래역량 신장을 촉진하는 학습전략과 교수·학습활동을 설계의 한 예시를 보겠다.

[신기술 활용 학습활동 설계 예시]

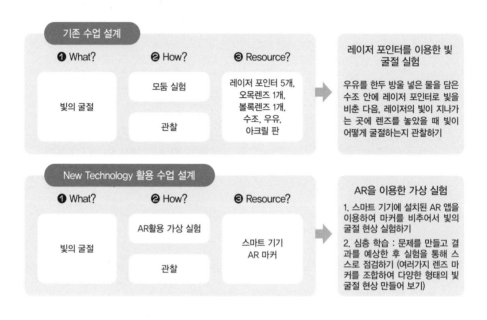

기존 수업 설계

❶ What?
빛의 굴절

❷ How?
모둠 실험
관찰

❸ Resource?
레이저 포인터 5개,
오목렌즈 1개,
볼록렌즈 1개,
수조, 우유,
아크릴 판

레이저 포인터를 이용한 빛 굴절 실험
우유를 한두 방울 넣은 물을 담은 수조 안에 레이저 포인터로 빛을 비춘 다음, 레이저의 빛이 지나가는 곳에 렌즈를 놓았을 때 빛이 어떻게 굴절하는지 관찰하기

New Technology 활용 수업 설계

❶ What?
빛의 굴절

❷ How?
AR활용 가상 실험
관찰

❸ Resource?
스마트 기기
AR 마커

AR을 이용한 가상 실험
1. 스마트 기기에 설치된 AR 앱을 이용하여 마커를 비추어서 빛의 굴절 현상 실험하기
2. 심층 학습 : 문제를 만들고 결과를 예상한 후 실험을 통해 스스로 점검하기 (여러가지 렌즈 마커를 조합하여 다양한 형태의 빛 굴절 현상 만들어 보기)

[신기술 활용 학습활동 흐름]

기존 학습 흐름

모둠실험 ➜ 관찰 ➜ 개념 형성

자연현상에 대한 1회 관찰을 바탕으로 한 단편적 개념 형성 중심의 학습으로 인해 심층적 사고가 어려움.

New Technology 활용 심층학습의 흐름

개별실험 ➜ 관찰 ➜ 원리 발견
토의, 토론 ➜ 개념 형성 ➜ 응용 실험

자연현상에 대한 개별 실험과 관찰 결과를 이용해서 원리를 발견하고 학생 상호간 토의, 토론 활동 등을 통해 심층적 사고가 활성화 되며 학습내용의 응용 및 적용을 통한 창의성 신장이 가능하게 됨.

New Technology 활용 수업

❶ What? 빛의 굴절
❷ How? AR활용 가상 실험
❸ Resource? 스마트 기기, AR 마커

AR을 이용한 가상 실험
스마트 기기에 설치된 AR 앱을 이용하여 마커를 비추어서 빛의 굴절 현상 실험하기

간편한 준비! 개별 실험 가능!
관찰과 기록의 동시성!

[AR 이용 가상 실험 실습]

- 필요 도구 : 스마트 기기, AR 마커
- 활동 내용

  AR을 활용한 빛의 성질 가상 실험하기

- 활동 내용

  스마트 기기에 설치된 AR 앱과 AR 마커를 이용하여 직진, 반사, 굴절 등과 관련된 빛의 성질을 가상 실험을 통해 확인해 봅시다.

- 관련 교육과정

  4-2-3. 거울과 그림자, (2)거울
  6-1-3. 렌즈의 이용

- 사용 방법
1. AR 마커를 출력합니다.
2. 모바일에서 AR앱을 설치합니다.
3. AR 앱으로 마커를 비추면서 가상 실험을 합니다.

https://sciencelevelup.kofac.re.kr/virtualReality/list?course_cd=POS003

기존 수업에서는 많은 실험 준비물로 인하여 개별 실험이 불가능했지만 스마트 기기와 AR마커만 있으면 개별 실험이 가능해졌으며, 가상 실험 결과가 명시적으로 나타나 관찰이 명확한 큰 장점이 있다. 무엇보다 실험준비와 정리에 소요되는 시간이 거의 없어 다양한 형태의 응용 실험이 가능하며, 실험 결과를 비교하고 공통점을 찾아보며 토의 및 토론을 통한 학습자 중심의 개념 형성 활동이 가능하게 되었다.

참고 : 4차 산업혁명시대 미래교육 준비하기 〈초등〉_종합교육연수원

집단지성

공동체 역량 관련 기출문항 예시

➡ 제시문

집단지성은 다수의 학습자들이 서로 협력하거나 경쟁하는 과정을 통해서 얻게 되는 집단적 지적 능력으로서, 공동의 학습목표를 달성하기 위하여 협력, 상호의존, 토론 등의 활동을 수행하는 협력학습의 과정에 구현될 수 있다. 창의성이 한 개인의 정신적 작용을 통해 발생하는 것이 아니라 집단의 끊임없는 상호작용 과정을 통해서 나오는 결과물로서 집단 또는 사회적 과정이 창의성 습득에 중요한 요소라는 관점에서 볼 때, 협력학습 환경에서 개인학습자와 집단 간의 상호작용을 촉진시키는 집단지성의 활용은 교수–학습 측면에서 많은 의미를 지니고 있다.(집단지성의 구현을 위한 협력학습의 원리 탐색, 2011. 양미경)

일반적으로 사람들은 협력의 이점을 경쟁에 대해서만큼 자연스럽게 이해하지는 않는다. (중략) 기본적으로 자신의 발전과 비교우위의 확인을 통해 만족을 느끼는 경쟁적 문화 속에서 협력을 전제로 한 집단지성이 과연 얼마나 가능할지를 회의적으로 바라보는 시각도 많을 것이다.(집단지성의 특성 및 기제와 교육적 시사점의 탐색, 2010. 양미경)

겨울방학 동안 인접 교과 교사들의 자문을 받아 교과와 관련지어 찬반이 명

확히 갈리는 쟁점 주제를 선정했다. 한편, 개강 전에 학급별로 지난해 개인별 성적을 감안하여 지그재그식으로 4인 1조로 모둠을 편성했다. 수업 1주일 전, 지정된 주제를 공지하고 대결할 모둠과 찬반을 추첨을 통해 정하도록 했다. 적어도 인문계 고등학교 재학생 수준이라면 큰 어려움 없이 운영의 묘를 살려 진행할 수 있으리라 믿었다. (중략) 그러나 그것은 16년 차 교사라는 경력이 무색하게도 '순진한' 바람일 뿐이었다. 우선, 학급마다 예외 없이 모둠별 토론이 아닌, '일대일' 토론이 되고 말았다. 준비 단계에서부터 수업시간 토론이 진행될 때까지 모둠별 협동은 생각한 만큼 잘 이뤄지지 않았다. 모둠 안에서 아예 토론에 관심조차 없다는 듯 자기 순서가 와도 연신 고개만 숙이고 있는 아이들이 많아 흐름이 끊어지기 일쑤였다.(오마이뉴스. 2013.04.01.)

　　교사가 아무리 완벽하게 수업 준비를 해와도 아이들이 100% 참여하는 수업을 하기는 어렵다. 내 경험상 아이들이 단 한 명도 빠지지 않고 모두 공부에 참여한 수업은 학습지를 풀든, 모둠이 모여 책을 만들든 협동학습을 할 때였다. 그 이유가 무얼까 생각해보니 원인은 '친구'인 듯하다. 이제 아이들이 솔직히 선생님을 무서워하지 않는다. 오히려 교사에게 찍히는 것보다 친구들에게 찍히는 게 더 두렵다. 물론 좋아하는 친구들과 서로 토닥여주고 함께 공부하는 것을 재미있다고 생각하기도 한다. 어르고 달래고 윽박지르고 협박해도 꿈쩍도 않던 아이들을 일으켜 세우는 것은 옆자리의 좋은 친구였던 것이다.(시사인, 2015.11.27.)

　🅠 공동체 역량을 통해 집단지성을 구현하려면 어떤 사회 문화적 조건이 요구되는지 자신의 생각을 말해보시오.

Q 우리나라 교육환경에서 공동체 역량 함양을 위해 제도적 실천 방안을 제시해보시오.

공동체 역량 관련 배경지식

집단 지성은 미국의 곤충학자 윌리엄 모턴 휠러(William Morton Wheeler)가 한 개체로는 매우 미미한 흰개미들이 협업을 통해 과학적으로 뛰어나고 규모도 거대한 개미집을 만드는 과정을 관찰하면서 처음 제시한 개념이다. 다수의 지적개체를 설정하고 이들 간의 상호작용을 통해서 개체의 지적 수준이나 내용을 뛰어넘는 새로운 형태의 지성이 나타난다고 보는 것으로 대중 간의 상호작용에서는 물론 전문가들의 상호작용에서도 나타날 수 있다.

[집단지성 활용 사례]

[일라이릴리(Eli Lilly) : 신약 후보의 성공 확률을 판단]
• 많은 시간과 비용이 투입되지만 성공확률이 높지 않은 신약 연구개발 투자에 집단지성을 활용한 예측을 통해 연구개발 성공 가능성을 제고
• 화학 전문가, 생물학자, 판매원 등 다양한 분야의 사내 전문가 50명이 예측에 참여
• 신약 후보별로 독성 관련 평가, 적정 신체 농도, 임상 실험 예상 결과 등에 대한 의견을 수렴
• 6개의 신약 후보 중 예측 시 호응을 얻은 3개의 신약에만 지속적으로 집중투자하여 모두 FDA 승인을 획득(MindHive Labs(2010), Harnessing the Wisdom of the Crowds)

이처럼 '집단지성'을 활용해 제품/서비스의 상품화, 비용 절감, 비즈니스 프로세스 개선 또는 신사업 모델 발굴을 위한 새로운 아이디어를 모색하고 해결점을 제시하는 데 사용될 수 있다는 점을 알 수 있다.

참고 : 미래상 전망을 위한 '집단지성(Collective Intelligence) 활용 가능성 모색, 한국보건산업진흥원

부록

부록1.
계열별 참고 사이트

초등교육학 참고 사이트

참고 사이트	주소
한국초등교육학회	https://www.kssee.net
초등교육 박람회	https://www.children-expo.co.kr
한국초등상담교육학회	https://www.kece.or.kr
서울교육대학교 초등교육연구원	https://eeri.snue.ac.kr
제주대학교 초등교육연구소	https://eri.jejunu.ac.kr
한국교원대학교 초등교육연구소	https://jees.newnonmun.com
공주교육대학교 초등교육연구원	www.gjue.ac.kr/gjue/eerc.do
경인교육대학교 다문화교육연구원	https://kme.or.kr

교육학 참고 사이트

참고 사이트	주소
한국교육학회	https://ekera.org
한국인공지능학회	https://aiassociation.kr
한국교육공학회	https://www.kset.or.kr

유아교육학 참고 사이트

참고 사이트	주소
서울특별시교육청 유아교육진흥원	https://seoul-i.sen.go.kr
한국유아교육학회	https://www.ksece.or.kr
한국생태유아교육학회	https://www.ecoece.or.kr
미래유아교육학회	https://www.futureece.or.kr
한국열린유아교육학회	https://www.open33.or.kr
한국유아특수교육학회	https://www.kecse.co.kr
한국유아교육보육복지학회	https://www.kecea.or.kr

특수교육학 참고 사이트

참고 사이트	주소
교육부 국립특수교육원	https://www.nise.go.kr
국가장애인평생교육진흥센터	www.nise.go.kr/sub/info.do
특수교육지원센터	https://sesc.gen.go.kr
한국특수교육학회	https://www.ksse.or.kr
한국유아특수교육학회	https://www.kecse.co.kr

수학교육학 참고 사이트

참고 사이트	주소
한국수학교육학회	https://www.ksme.info
대학수학교육학회	https://www.ksesm.or.kr

영어교육학 참고 사이트

참고 사이트	주소
한국영어교육학회	https://www.kate.or.kr
글로벌영어교육학회	https://www.geta.kr
현대영어교육학회	https://www.meeso.or.kr
한국중등영어교육학회	https://www.kasee.org
한국영어교과교육학회	https://www.kees.kr
한국영어영문학회	https://www.ellak.or.kr

Q **전문상담교사는 어떤 일을 하나요?**

A 중·고등학교에서 학생의 학업, 진로문제, 이성문제 및 학교생활 전반에 대해 상담하고 지도합니다. 성격, 적성, 지능, 진로 및 신체적·정서적·행동적 증상을 평가하기 위한 검사를 실시하고, 검사 결과를 해석하며, 이에 따라 상담을 실시합니다. 상담은 개인상담, 집단상담, 자기성장 프로그램, 대인관계 향상 프로그램 등 다양한 방식으로 진행됩니다. 학생의 생활지도정책 및 방법 개발을 위하여 조사·연구하고 계획을 수립합니다. 지역사회 관련기관 및 학교 관련기관과 연계하여 학생생활지도를 실시합니다.

출처 : 한국직업사전

Q **전문상담교사가 될 수 있는 방법 1**

A 심리학과, 상담학과, 청소년 관련 학과에 교직과정이 설치되어 있다면 교직이수를 통해 전문상담교사 2급 자격증을 취득할 수 있습니다. 하지만 교직이수를 하기 위해서는 철저한 학점 관리가 필요하며 경우에 따라 학과 정원의 5~10% 정도만 가능합니다. 사범대 재학생이 복수전공하여 교직이수를 신청하는 방법이 있지만 교직이수 선발 인원 못지않게 적은 수준임을 기억하세요.

211

Q 전문상담교사가 될 수 있는 방법 2

A 최근 전문상담교사 임용을 준비하는 경우 거의 교육대학원 졸업자입니다. 교육대학원에는 전문상담교사 1급 또는 2급 자격증을 취득할 수 있는 양성과정이 있습니다. 교원자격증 취득 요건 충족은 기본 졸업요건 또한 충족을 해야 하는 경우가 있으니 해당 교육대학원에 취득 가능성 여부와 졸업요건을 반드시 확인해야 합니다.

심리학, 상담학, 청소년 관련 학과가 아닌 경우에는 독학사 또는 학점은행제를 통해 학사 자격요건을 준비해야 합니다. 최근 인기가 높아진 만큼 치열한 경쟁을 고려하세요.

전문상담교사(2급) 양성기관(대학원) 현황

설립별	대학원명	설립년도	수업형태	운영전공	자격종별및 표시과목	지역
국립	강원대(춘천)	1983	계절·야간	학교상담	전문상담교사(2급)	강원
	경북대	1970	야간	상담심리전공	전문상담교사(2급)	대구
	공주대	1983	계절	상담심리전공	전문상담교사(2급)	충남
	부산대	1988	야간	학교상담전공	전문상담교사(2급)	부산
	서울대	1978	주간	교육상담전공	전문상담교사(2급)	서울
	전남대	1975	계절	상담심리전공	전문상담교사(2급)	광주
	제주대	1992	야간	상담심리전공	전문상담교사(2급)	제주
	창원대	1996	야간	상담심리전공	전문상담교사(2급)	경남
	충남대	1988	계절	상담교육	전문상담교사(2급)	대전
사립	경남대	1996	야간	상담심리	전문상담교사(2급)	경남
	고려대	1972	야간	상담심리교육전공	전문상담교사(2급)	서울

	국민대	2005	계절·야간	상담심리전공	전문상담교사(2급)	서울
	단국대(죽전)	1982	야간	상담심리	전문상담교사(2급)	경기
	대구가톨릭대	1990	계절·주간	상담심리전공	전문상담교사(2급)	경북
	대구대	1993	계절	상담심리	전문상담교사(2급)	경북
	동국대	1993	야간	상담심리전공	전문상담교사(2급)	서울
	서강대	1991	야간	상담심리전공	전문상담교사(2급)	서울
	수원대	1999	야간	상담교육	전문상담교사(2급)	경기
	숙명여대	1998	야간	상담심리전공	전문상담교사(2급)	서울
사립	신라대	1997	야간	상담심리전공	전문상담교사(2급)	부산
	아주대	1996	야간	상담심리	전문상담교사(2급)	경기
	연세대	1983		상담교육전공	전문상담교사(2급)	서울
	영남대	1983	계절·주간	상담심리	전문상담교사(2급)	경북
	우석대	1987	계절	상담심리	전문상담교사(2급)	전북
	이화여대	1967	야간	상담심리	전문상담교사(2급)	서울
	인제대	1997	야간	교육학(상담심리)	전문상담교사(2급)	경남
	인하대	1981	야간	상담심리	전문상담교사(2급)	인천
	한국외대(서울)	1980	야간	상담심리전공	전문상담교사(2급)	서울
	한양대	1982	야간	상담심리전공	전문상담교사(2급)	서울

전문상담교사(1급) 양성기관(대학원) 현황

설립별	대학원명	설립 년도	수업형태	운영전공	자격종별및 표시과목	비고
	강릉원주대	1996	야간	상담심리전공	전문상담교사(1급)	강원
국립	경북대	1970	야간	상담심리전공	전문상담교사(1급)	대구
	목포대	2000	계절	상담교육전공	전문상담교사(1급)	전남
	부산대	1988	야간	학교상담전공	전문상담교사(1급)	부산

국립	순천대	1996	계절	상담심리	전문상담교사(1급)	전남
	전남대	1975	계절	상담심리전공	전문상담교사(1급)	광주
	창원대	1996	야간	상담심리전공	전문상담교사(1급)	경남
	충남대	1988	계절	상담교육	전문상담교사(1급)	대전
	충북대	1984	계절	학교상담전공	전문상담교사(1급)	충북
	한국교통대	2012	야간	상담심리전공	전문상담교사(1급)	충북
교원대	한국교원대	1997	계절	상담심리	전문상담교사(1급)	충북
공립	인천대	2002	야간	상담심리전공	전문상담교사(1급)	인천
사립	가천대	1999	야간	교육심리및상담전공	전문상담교사(1급)	경기
	강남대	2000	야간	교육상담전공	전문상담교사(1급)	경기
	건국대	1980	야간	상담심리교육	전문상담교사(1급)	서울
	경기대(수원)	1999	야간	상담교육전공	전문상담교사(1급)	경기
	경남대	1996	야간	상담심리	전문상담교사(1급)	경남
	경성대	1999	야간	상담심리전공	전문상담교사(1급)	부산
	경희대	1999	야간	상담심리전공	전문상담교사(1급)	서울
	계명대	1980	야간	상담심리	전문상담교사(1급)	대구
	고려대	1972	야간	상담심리교육전공	전문상담교사(1급)	서울
	고신대	2001	야간	상담심리	전문상담교사(1급)	부산
	가톨릭관동대	1988	야간	상담심리	전문상담교사(1급)	강원
	광운대	2001	야간	상담심리	전문상담교사(1급)	서울
	광주여대	2003	계절	상담심리전공	전문상담교사(1급)	광주
	국민대	2005	계절·야간	상담심리전공	전문상담교사(1급)	서울
	남부대	2002	야간	상담심리전공	전문상담교사(1급)	광주
	단국대(죽전)	1982	야간	상담심리	전문상담교사(1급)	경기
	대구가톨릭대	1990	계절·주간	상담심리전공	전문상담교사(1급)	경북
	대구대	1993	계절	상담심리	전문상담교사(1급)	경북
	대전대	2001	야간	상담심리전공	전문상담교사(1급)	대전
	대진대	1998	야간	상담심리전공	전문상담교사(1급)	경기
	덕성여대	1999	야간	상담심리전공	전문상담교사(1급)	서울

	동국대	1993	야간	상담심리전공	전문상담교사(1급)	서울
	동신대	2000	야간	상담전공	전문상담교사(1급)	전남
	동아대	2008	야간	교육심리및상담	전문상담교사(1급)	부산
	명지대	2002	야간	상담교육	전문상담교사(1급)	서울
	배재대	2008	야간	상담심리교육전공	전문상담교사(1급)	대전
	백석대	2001	야간	상담심리	전문상담교사(1급)	충남
	상명대	2001	계절	상담심리전공	전문상담교사(1급)	서울
	서강대	1991	야간	상담심리전공	전문상담교사(1급)	서울
	서남대	2001	계절	청소년지도및 상담전공	전문상담교사(1급)	전북
	서울여대	1996	야간	상담심리	전문상담교사(1급)	서울
	선문대	2000	야간	상담심리	전문상담교사(1급)	충남
	성결대	1999	야간	상담심리	전문상담교사(1급)	경기
	성신여대	2003	야간	상담심리	전문상담교사(1급)	서울
	세종대	2001	야간	상담심리	전문상담교사(1급)	서울
사립	수원대	1999	야간	상담교육	전문상담교사(1급)	경기
	숙명여대	1998	야간	상담심리전공	전문상담교사(1급)	서울
	순천향대	2000	야간	상담교육전공	전문상담교사(1급)	충남
	신라대	1997	야간	상담심리전공	전문상담교사(1급)	부산
	아세아연합 신학대	2000	계절·주간	상담	전문상담교사(1급)	경기
	아주대	1996	야간	상담심리	전문상담교사(1급)	경기
	안양대	1999	야간	상담심리전공	전문상담교사(1급)	경기
	연세대	1983		상담교육전공	전문상담교사(1급)	서울
	영남대	1983	계절·주간	상담심리	전문상담교사(1급)	경북
	우석대	1987	계절	상담심리	전문상담교사(1급)	전북
	울산대	1990	야간	상담교육	전문상담교사(1급)	울산
	원광대	1999	야간	상담심리	전문상담교사(1급)	전북
	이화여대	1967	야간	상담심리	전문상담교사(1급)	서울
	인제대	1997	야간	교육학(상담심리)	전문상담교사(1급)	경남
	인하대	1981	야간	상담심리	전문상담교사(1급)	인천

사립	전주대	1999	야간	상담교육전공	전문상담교사(1급)	전북
	중부대	2003	야간	상담심리교육전공	전문상담교사(1급)	충남
	중앙대	2005	야간	상담심리전공	전문상담교사(1급)	서울
	한남대	1997	야간	상담교육전공	전문상담교사(1급)	대전
	한서대	2000	야간	상담심리교육전공	전문상담교사(1급)	충남
	한신대	2006	야간	상담심리전공	전문상담교사(1급)	경기
	한양대	1982	야간	상담심리전공	전문상담교사(1급)	서울
	협성대	2003	계절·주간	상담심리	전문상담교사(1급)	경기
	호서대	2001	야간	상담교육전공	전문상담교사(1급)	충남
	홍익대	1984	야간	상담심리전공	전문상담교사(1급)	서울
	호남대	2001	야간	상담심리	전문상담교사(1급)	광주

전문상담교사(1급) 양성기관(교대 대학원) 현황

설립	구분	교육대학명	형태	수업형태	운영전공	지역
국립	교육대학	경인교육대학교	전문대학원	계절·야간	초등학교상담	인천
	교육대학	공주교육대학교	특수대학원	계절	초등교육상담전공	충남
	교육대학	광주교육대학교	특수대학원	계절·야간	초등상담교육	광주
	교육대학	대구교육대학교	특수대학원	계절·야간	초등상담교육	대구
	교육대학	부산교육대학교	특수대학원	계절·야간	상담전공	부산
	교육대학	서울교육대학교	전문대학원	야간	초등상담교육	서울
	교육대학	전주교육대학교	특수대학원	야간	초등교육상담	전북
	교육대학	진주교육대학교	특수대학원	야간	초등학교상담	경남
	교육대학	청주교육대학교	특수대학원	야간	초등상담교육	충북
	교육대학	춘천교육대학교	특수대학원	계절·야간	초등상담심리	강원

부록3.
사서교사 채용에 관한 궁금증

Q 사서교사의 자격은 어떻게 되나요?

A ① 문헌정보학을 전공하고 교직 과정을 마친 사람

② 준교사 이상 자격을 가진 사람으로 사서교사 양성 강습을 받은 사람

③ 교육대학원 또는 교육부장관이 지정하는 대학원의 교육과에서 사서교육 과정을 전공하고 석사학위를 받은 사람

④ 사범대학의 문헌정보교육과를 졸업한 사람

Q 사서교사가 많이 부족한가요?

A 대학에서 교직이수 후 사서교사 자격을 취득할 수 있어도 많은 재학생이 임용의 불안정함 때문에 취득하는 경향이 적다. 더군다나 기존 대학에 개설되었던 교육대학원 사서 교육 전공들이 연이어 폐지되어 지방과 농산어촌 지역 같은 경우 사서교사 수급이 상당히 어렵다. 전체 학교 도서관의 사서교사 배치율이 8.6%에 불과하다. 저비용과 고용 편의로 수많은 비정규직 학교 사서들 덕분에 도서관이 유지되었다. 앞으로 학교 도서관 정상화를 위해 임용 정원 확대가 필요하다.

한눈에 보는 사서교사 되는 방법

사서교사 되는 방법 1	공주대학교 문헌정보교육과 입학&졸업		사서 교사 (교원자격증) 취득
	사범대학교 입학	문헌정보학 교직복수전공 이수 후 졸업	
사서교사 되는 방법 2	4년제 문헌정보학과 입학	교직(정원의 10%) 이수 후 졸업	
		교직 미이수 후 졸업	교육대학원 사서교육 (도서관교육) 전공 입학&졸업
사서교사 되는 방법 3	전문대학 문헌정보과 입학&졸업	4년제 문헌정보학과 또는 교육학과 편입&졸업	
		학점은행제(독학사) 문헌정보학사 취득	
사서교사 되는 방법 4	학점은행제(독학사) 문헌정보학사 취득		

➡ 사서 교사 (교원자격증) 취득

사서교사 양성기관 현황

설립별	대학명	학과 및 전공명	자격종별 및 표시과목	지역
국립	경북대	문헌정보학과	사서교사(2급)	대구
	공주대	문헌정보교육과	사서교사(2급)	충남
	부산대	문헌정보학과	사서교사(2급)	부산
	전남대	문헌정보학과	사서교사(2급)	광주
	전북대	문헌정보학과	사서교사(2급)	전북
	충남대	문헌정보학과	사서교사(2급)	대전
사립	강남대	문헌정보학과	사서교사(2급)	경기
	건국대(글로컬)	문헌정보학과	사서교사(2급)	충북
	경기대(수원)	문헌정보학과	사서교사(2급)	경기
	경성대	문헌정보학과	사서교사(2급)	부산

사립	계명대	문헌정보학과	사서교사(2급)	대구
	광주대	문헌정보학과	사서교사(2급)	광주
	대구가톨릭대	도서관학과	사서교사(2급)	경북
	대구대	문헌정보학과	사서교사(2급)	경북
	대진대	문헌정보학과	사서교사(2급)	경기
	덕성여대	문헌정보학과	사서교사(2급)	서울
	동덕여대	문헌정보학과	사서교사(2급)	서울
	동의대	문헌정보학과	사서교사(2급)	부산
	명지대	문헌정보학과	사서교사(2급)	서울
	상명대	인문콘텐츠학부 문헌정보학과	사서교사(2급)	서울
	서울여대	문헌정보학과	사서교사(2급)	서울
	성균관대	문헌정보학과	사서교사(2급)	서울
	숙명여대	문헌정보학과	사서교사(2급)	서울
	신라대	문헌정보학과	사서교사(2급)	부산
	연세대	문헌정보학과	사서교사(2급)	서울
	이화여대	문헌정보학전공	사서교사(2급)	서울
	전주대	문헌정보학과	사서교사(2급)	전북
	중부대	문헌정보학전공	사서교사(2급)	충남
	중앙대	문헌정보학과	사서교사(2급)	서울
	청주대	문헌정보학과	사서교사(2급)	충북
	한남대	문헌정보학과	사서교사(2급)	대전
	한성대	문헌정보학전공	사서교사(2급)	서울

※ 학과 개설 여부는 변동이 있을 수 있어 대학홈페이지 또는 입학처에 확인해야 합니다.

사서교사 양성기관(대학원) 현황

설립별	대학원명	설립년도	수업형태	운영전공	자격종별및 표시과목	지역
국립	공주대학교	1986	계절	문헌정보교육전공	사서교사(2급)	충남
	부산대학교	2000	야간	사서교육전공	사서교사(2급)	부산
	전북대학교	2000	야간	사서교육	사서교사(2급)	전북
사립	경기대학교(수원)	1997	야간	사서교육전공	사서교사(2급)	경기
	대진대학교	1998	야간	사서교육전공	사서교사(2급)	경기
	명지대학교	1994	야간	사서교육	사서교사(2급)	서울
	상명대학교	1994	야간	사서교육전공	사서교사(2급)	서울
	신라대학교	1997	야간	도서관교육전공	사서교사(2급)	부산
	연세대학교	1971	야간	사서교육전공	사서교사(2급)	서울
	중앙대학교	1983	야간	문헌정보교육전공	사서교사(2급)	서울